인공지능 윤리와 안전

AI문고

인공지능 시대입니다. 기계가 인간의 인지를 대신하고, 사물이 인간을 통하지 않고 다른 사물과 직접 커뮤니케이션합니다. 이에 따른 인간 삶과 문명 변화를 정확히 이해·예측·대응하는 것은 이 시대 우리 모두의 과제입니다. AI문고는 인공지능 기술과 환경의 여러 주제를 10가지 키워드로 정리합니다. 관련 개념과 이론, 학계와 산업계의 쟁점, 우리 일상의 변화를 다룹니다. 인간과 기술의 현재, 미래를 세심히 분석합니다.

일러두기

- 인명, 작품명, 저서명, 개념어 등은 한글과 함께 괄호 안에 해당 국가의 원어를 병기했습니다.
- 외래어 표기는 현행 어문규정의 외래어표기법을 따랐습니다.

처음이세요?

전문가세요?

인공지능 윤리와 안전

방준성

대한민국, 서울, 커뮤니케이션북스, 2025

인공지능 윤리와 안전

지은이 방준성
펴낸이 박영률

초판 1쇄 펴낸날 2025년 11월 7일

커뮤니케이션북스(주)
출판 등록 2007년 8월 17일 제313-2007-000166호
02880 서울시 성북구 성북로 5-11
전화(02) 7474 001, 팩스(02) 736 5047
commbooks@commbooks.com
www.commbooks.com

ISBN 979-11-430-0027-9 03500

책값은 뒤표지에 표시되어 있습니다.

차례

인공지능의 윤리 원칙과 안전 기준

기억해 보면, 우리는 어린 시절부터 영화를 통해 다양한 형태의 인공지능(AI: Artificial Intelligence)을 접해왔다. '에이 아이(A.I. Artificial Intelligence, 2001)', '아이 로봇(I, Robot, 2004)', '허(Her, 2013)', '엑스 마키나(Ex Machina, 2014)', '채피(Chappie, 2015)', '더 크리에이터(The Creator, 2023)'와 같은 영화 제목만 들어도 떠오르는 장면들이 있을 것이다. 특히, 마블 코믹스의 슈퍼히어로 영화 '아이언맨(Iron Man, 2008)'과 그 시리즈에 등장하는 AI 에이전트(Agent) '자비스(J.A.R.V.I.S.)'는 관객들에게 강한 인상을 남겼다. 영화 속에서 자비스는 주인공과 자연스럽게 대화를 나누며 다양한 명령을 수행할 뿐 아니라, 상황을 스스로 이해하고 자율적으로 판단하여 조치하기도 한다.

아이언맨과 자비스의 인기 때문이었는지, 그로부터 몇 년 이내에 음성 인식(Speech Recognition), 자연어 처리(NLP: Natural Language Processing) 등의 기술이 적용되어, 낮은 수준의 'AI 비서(AI Assistant)'가 스마트

폰을 통해 대중에게 다가왔다. 2011년에 애플(Apple)은 아이폰 4S에 최초의 스마트폰 내장형 AI 비서인 '시리(Siri)'를 탑재해 대중화를 이끌었고, 2012년에 구글(Google)은 사용자의 검색 기록을 활용하여 맞춤형 웹 서비스를 제공하는 '구글 나우(Google Now)'를 선보였다. 2014년에 마이크로소프트(Microsoft)는 윈도우 8.1의 운영 체제 환경에서 빙(Bing) 검색과 연동되는 '코타나(Cortana)'를 출시하며 기술 경쟁에 합류했다.

2010년대 중반에 들어서면서 AI 비서는 스마트폰을 넘어 가정으로 확장되었다. 2014년에 아마존(Amazon)은 최초의 대중적 AI 스피커인 '알렉사(Alexa)'를 공개하며 시장을 열었다. 알렉사는 간단한 스마트홈 기기 제어, 음악 재생, 온라인 쇼핑과 같은 기능을 제공했다. 2016년에 구글은 구글 어시스턴트(Google Assistant)를 탑재한 '구글 홈(Google Home)'을 출시하였고, 2018년에 애플은 시리를 탑재한 '홈팟(HomePod)'을 출시하였다.

2020년대에 들어서면서, AI는 "내일 서울 날씨 알려줘"와 같은 단순한 음성 명령을 수행하는 수준을 넘어, 여러 차례의 질의응답을 주고받는 것이 가능한 대화형 AI로 발전하기 시작했다. 특히 2022년에 오픈AI(OpenAI)가 출시한 ChatGPT의 등장은 대화형 AI 개발의 전환점으로 평가된다. ChatGPT는 대규모 언어 모델(LLM: Large Language Model)을 기반으로 다양한 주제에 대해 인간과 유사한 방식으로 소통할 수 있었다. 초기의 ChatGPT는 사실과 다른 답변을 제시하거나 존재하지 않는 정보를 만들어 내는 '할루시네이션(Hallucination)' 문제가 심각했는데, 이는 생성형 AI(Generative AI) 기술을 활용하여 대화형 AI를 구현하는 과정에서 당면한 과제였다. ChatGPT는 번역, 문서 요약, 코드 작성 등 다양한 기능을 지원하며 활용 범위를 빠르게 넓혀갔다. 구글의 '제미나이(Gemini)', 퍼플렉시티AI의 '퍼플렉시티(Perplexity)', 앤트로픽(Anthropic)의 '클로드(Claude)' 등 다양한 대화형 AI 서비스가 등장했다. 사용자 질의에 대한 답변 정확도를 개선하기 위해 프롬프트 엔지니어링(Prompt Engineering), 검색증강생성(RAG: Retrieval-Augmented Generation) 등과 같은 기법이 적용되었다. 더 정교한 답변 생성을 위해 도메인에 특화된 AI 개발도 진행되었다.

2024년에 출시된 ChatGPT-4o는 멀티모달(Multimodal) 이해 능력이 강화되었다는 점에서 의의가 있다. 텍스트뿐 아니라 음성, 이미지, 영상 등 서로 다른 형태의 데이터를 결합하여 추론하는 것이 가능해졌다. 이제 사용자는 이미지를 제시하며 설명을 요청할 수 있게 되었다. 인간과 AI 사이의 상호작용 방식이 바뀌며, AI 에이전트에 관한 관심이 증가했다. 2025년에 들어서 ChatGPT, 퍼플렉시티 등에 심층 리서치(Deep Research) 기능이 추가되며 AI 추론에 대한 연구가 경쟁적으로 진행되고 있다.

AI에 대화, 추론 등의 기능이 추가되고 고도화됨에 따라 다양한 영역에서 'AI 전환(AI Transformation)'이 진행되고 있다. 의료 분야에서는 영상 판독, 신약 개발, 맞춤형 치료 지원에 AI가 활용되고 있으며, 제조 분야에서는 AI 기반 공정 최적화와 예지 정비를 통해 혁신이 이루어지고 있다. 금융 분야에서는 맞춤형 자산 관리, 이상거래 탐지에 AI가 도입되고 있고, 교육 분야에서는 학습자 맞춤형 학습 경로 설계와 AI 기반 튜터 서비스가 확산되고 있다. 교통 · 모빌리티 영역에서는 자율주행, 교통흐름 최적화 등에 AI가 적용되고 있으며, 미디어 · 콘텐츠 분야에서는 생성형 AI를 활용한 콘텐츠 제작 자동화, 개인화된 추천 서비스 등 새로운 혁신이 일어나고 있다. 이처럼 AI는 이미 일상의 깊숙한 부분까지 스며들고 있지만, 과연 그 존재를 신뢰할 수 있는가에 대한 질문은 여전히 우리 앞에 남아 있다.

역사적으로 새로운 기술은 언제나 사회적 혜택과 위

험을 동시에 가져왔다. AI 역시 예외가 아니다. 잘 설계되고 올바르게 활용될 경우에 AI는 인류의 생산성과 편의성을 비약적으로 높일 수 있지만, 편향된 데이터나 불투명한 알고리즘에 기반한다면 오히려 사회적 불평등을 심화시키고 인권을 침해할 수 있다. 실제로 채용 과정에서의 차별적 선별, 학업 평가의 왜곡, 신용 평가의 불공정, 사법 판결의 편향적 판단 등 인생의 중요한 기로에서 AI가 불완전하거나 불공정한 결정을 내린 사례는 이미 여러 차례 보고되었다. 이러한 현실은 AI를 단순히 중립적인 도구로만 볼 수 없게 만든다. 이제 AI는 사회 구조와 개인의 삶을 재편하는 강력한 행위자이자 결정 주체로 자리 잡고 있으며, 그 영향력은 점점 더 확대되고 있다. 따라서 AI의 신뢰성과 윤리 문제를 논의하는 것은 선택이 아니라 필수적 과제가 되었다. 기술적 신뢰성 확보, 데이터 편향 해소, 알고리즘 투명성 강화, 책임성과 설명가능성 보장 등 다양한 관점에서의 균형 잡힌 논의가 필요하다. 동시에 정책 입안자, 기업, 학계, 시민사회가 함께 협력해 사회적 합의를 만들어 가야만 AI가 진정으로 인간에게 도움이 되는 방향으로 발전할 수 있다.

이러한 이유로 전 세계는 AI의 신뢰성과 안전을 확보하기 위한 기준 마련에 적극적으로 나서고 있다. 유럽연합(EU)은 'AI 법(AI Act)'을 통해 AI 시스템을 위험도에 따라 분류하고, 특히 고위험 분야에 대해서는 투명성, 인간의 감독, 데이터 품질 관리, 오류 가능성 최소화 등 엄격한 요건을 부과하고 있다. OECD는 인간 중심의 AI 원칙을 제시하며 경제적 형평성과 기술 활용의 공정성을 강조하고 있다. 유네스코(UNESCO)는 문화적 다양성과 포용성을 포함한 폭넓은 윤리 기준을 수립했다. 이는 AI 기술의 발전이 단순한 효율성이나 성능 향상을 넘어, 서로 다른 문화 · 언어 · 사회적 맥락 속에서도 인권과 사회적 신뢰를 보장하며 작동해야 함을 보여준다. 이 밖에도 여러 국가와 국제기구가 AI 윤리 가이드라인을 제정해 발표했다. 이러한 국제적 움직임은 AI가 특정 국가나 기업의 이익에만 머무르는 도구가 아니라, 전 인류가 공유하는 가치와 규범 속에서 발전해야 한다는 공감대를 반영한다.

그러나 제도와 규범이 마련되었다고 해서 모든 문제가 자동으로 해결되는 것은 아니다. 법과 제도가 존재하더라도 시민들이 AI의 작동 방식과 사회적 영향에 관해 충분히 이해하지 못한다면, '설명받을 권리'나 '결정에 이의를 제기할 권리'는 사실상 보장되기 어렵다. 예를 들어, AI 알고리즘에 의해 대출이 거절되거나 보험 혜택이 조정될 수 있는 상황에서, 당사자가 그 이유를 제대로 이해하지 못한다면 권리를 행사하는 것 자체가 불가능하다. 결국 제도가 제대로 작동하기 위해서는 시민이 AI 시스템을 이해하고 질문할 수 있는 역량이 뒷받침되어야 한다. 따라서 규제와 제도적 장치 못지않게 중요한 것이 대중의 인식 제고와 교육이다. 이는 단순히 기술적 사용법을 익히는 차원을 넘어, AI가 사회와 개인의 삶에 미치는 윤리적 · 문화적 · 정치적 함의를 함께 이해하도록 하는 데 교육의 목적이 있어야 한다.

AI 시대의 핵심 질문은 단순히 "이 기술을 사용할 것인가"가 아니라 "어떤 윤리 원칙과 안전 기준을 바탕으로 설계하고 활용할 것인가"다. AI는 이제 선택적으로 쓰이는 보조 도구가 아니라, 사회와 개인의 삶을 구조적으로 재편하는 핵심 인프라로 자리 잡아가고 있기 때문이다. 기술에 대해 수용하거나 거부하는 이분법적 접근은 유효하지 않다. 그보다 중요하게 AI가 어떤 가치 위에서 개발되고 운영되는가에 관심을 가져야 한다. 이를 위해서는 데이터와 알고리즘의 편향을 최소화하고, 투명성과 설명 가능성을 보장하며, 인간의 기본적 권리와 사회적 다양성을 존중하는 안전한 시스템 설계가 필수적이다. 이는 단순한 기술적 과제가 아니라 사회 전체가 공유해야 할 윤리적 책무이기도 하다. 예를 들어, 의료 AI가 특정 집단의 데이터를 충분히 반영하지 못한다면 건강 불평등이 발생할 수 있고, 채용 알고리즘이 과거의 차별적 패턴을 답습한다면 사회적 불공정이 심화될 수 있다. 따라서 기술적 정교함과 더불어 사회적 책임성을 함께 고려하는 접근이 필요하다.

AI가 인간과 어떤 방식으로 협력할 것인지에 대해서도 윤리와 안전 측면에서 논의가 필요하다. AI가 단순한 의사결정 보조 도구에 머무를지, 아니면 공동의 판단 주체로 기능할지는 향후 사회 제도와 법적 책임 구조 전반에 깊은 영향을 미친다. 의사결정 과정에서 책임을 어떻게 분담할 것인지, 오류가 발생했을 때 누구에게 법적·윤리적 책임을 물을 것인지에 대한 합의 없이는 AI의 신뢰성과 안전성을 확보하기 어렵다. 또한 AI는 설계와 운영 과정에서 문화적 맥락과 사회적 다양성에 대한 존중이 반드시 고려되어야 한다. 특정 국가나 기업의 가치관만 반영된 AI는 국제 사회에서 갈등과 불균형을 심화시킬 수 있다. 반대로 다양한 문화와 언어를 포용하는 AI는 사회적 신뢰를 강화하고, 인류 공동의 협력 기반을 확대하는 중요한 자원이 될 수 있다. AI 발전의 방향을 결정짓는 것은 기술적 성능이 아니라 그것을 둘러싼 가치와 규범의 선택이다. 어떤 AI를 설계하고, 어떤 방식으로 활용할 것인지는 곧 미래 사회가 어떠한 윤리적 토대 위에서 형성될 것인가에 대한 질문이기도 하다.

이 책은 이러한 핵심 질문과 과제에 관하여 탐구한다. AI의 혁신적 가능성과 잠재적 위험, 편향과 공정성, 투명성과 설명 가능성, 인간과 AI의 공존, 법적 · 제도적 규제, 그리고 AI 윤리 교육까지 폭넓은 주제를 다룬다. 더 나아가 AI가 단순한 기술 발전을 넘어, 어떻게 하면 인간의 존엄성과 사회적 가치를 지키며 '윤리적이고 안전한 AI'로 자리매김할 수 있을지를 모색한다. 독자들은 이 과정을 통해 기술적 성과와 함께 가치와 책임의 문제를 생각해 보게 될 것이다. AI 시대를 살아가는 시민으로서, 잠재적 이슈를 발견하고 공론화 할 수 있어야 한다. 이는 정책 입안자나 전문가만의 과제가 아니라, 사회 구성원 모두가 참여해야 하는 공동의 과제다. AI의 미래는 결코 기술적 진보만으로 결정되지 않는다. 그것은 우리가 어떤 윤리 규범과 안전 원칙을 세우고, 이를 사회와 제도 속에서 어떻게 구현하며, 기술을 얼마나 책임 있게 발전시켜 나가는가에 달려 있다. 이러한 맥락에서 이 책은 독자들과 함께 AI의 윤리와 안전을 성찰하고, 지속 가능한 사회적 합의를 모색하는 데 목적을 둔다.

01
인공지능 윤리에 대한 질문

우리는 AI가 추천한 음악을 들으며 출근하고, AI가 생성한 뉴스와 이미지를 접하며 하루를 시작한다. 그러나 이 기술이 내린 결정에 "왜?"라고 물을 수 있는가? 신뢰와 책임의 경계가 모호해져 가는 상황에서, AI를 어떻게 믿고 사용할 것인가에 대한 질문은 점점 더 절실해진다. 이 장을 시작으로 AI 시대에 앞으로 우리가 직면하게 될 윤리적 갈등을 이해하고 그 해답을 모색하는 여정을 시작해 본다.

기후 위기와 인공지능?

기술 혁신과 기술 신뢰에 대한 고민

인공지능(AI: Artificial Intelligence)은 학습, 지각, 추론 등과 같은 인간의 지능이 요구되는 작업을 수행할 수 있는 컴퓨터 시스템이다. 우리가 어렸을 때 공상 과학 영화에서 봤던 기술이 현실에 등장하고 있다. 아직 완전하지는 않지만, 의료 분야에서 AI는 환자의 데이터를 분석하여 질병의 위험을 예측하거나 가상 비서의 형태로 환자의 건강과 약물 복용 일정 관리를 도울 수 있다. 교통 분야에서 AI는 특정 환경에서 사람이 운전대를 잡지 않아도 스스로 이동하는 자율주행을 가능하게 한다. 교통 흐름 관리, 물류 시스템 최적화 등에도 활용된다. AI가 추천하는 음악과 영화는 우리의 취향을 상당히 잘 꿰뚫고 있기도 하다.

2023년에 챗GPT(ChatGPT)가 전 세계 수억 명의 사용자를 단시간에 확보하는 것을 보고 놀라지 않을 수 없었지만, 현재는 챗GPT, 퍼플렉시티(Perplexity), 제미나이(Gemini) 같은 대화형 AI를 사용하는 주변 사람들을 쉽게 찾아볼 수 있다. 사회 전반에 확산하고 있는 AI 기술은 우리의 기대치를 높이고 있지만, 이 기술을 얼마나 믿을 수 있을까에 대한 질문은 여전히 남아 있다.

IBM은 임상 데이터와 연구 자료를 분석하여 암 환자

에게 맞춤형 치료법을 제시하고 임상의에게 의사결정을 지원하기 위해 '왓슨 포 온콜로지(Watson for Oncology)'를 개발하였다. 그런데 심각한 출혈이 있는 폐암 환자에게 출혈 위험이 큰 약물과 항암 화학 요법을 함께 추천한 사례가 2018년에 내부 보고서와 언론 보도를 통해 공개되어, IBM의 수차례 소프트웨어 업데이트에도 불구하고 시스템의 신뢰성에 대한 의문이 남아 있게 되었다. 왓슨은 인간 의사와 달리 정해진 치료 코드를 따라 단편적인 결정을 내리는 경우가 많아서 환자의 상황을 충분히 고려하지 못하는 문제가 있을 수 있었다. 이 사례는 기술이 아무리 발전하더라도, 그 기술을 신뢰하려면 "왜 그러한 결정을 내렸는지"에 대한 충분한 설명이 필요하다는 것을 보여준다.

구글(Google)의 웨이모(Waymo) 자율주행차는 2024년 캘리포니아주에서 미국 도로교통안전국(NHTSA)에 의해 신호 위반, 정지선 미준수, 공사 구역 진입 등 다양한 교통 법규 위반 사건에 대해 공식 조사를 받았다. 이에 따라, 웨이모가 횡단보도에서 보행자를 제대로 인식하지 못할 경우에 대해 "사람이 없는 차에서 사고가 났을 때, 누구에게 책임을 물을 것인가"라는 질문을 던지게 만들었다.

AI 기술 혁신의 혜택을 누리기 위해, 우리는 그 기술을 믿고 받아들일 수 있을지에 대한 끊임없는 고민을 해야 한다. 유럽연합(EU) 집행위원회는 2021년에 'AI 법(AI Act)'의 초안을 발표하고 EU 이사회는 2024년에 AI 법 최종안을 승인하였다. 고위험 AI 시스템에 투명성 · 인간 감독 · 데이터 거버넌스 · 사전 적합성 평가 · 사후 모니터링 등 요건을 부과했다. 특히 의료와 자율주행처럼 인명과 관련된 영역에서는 AI의 결정이 어떤 원리와 데이터를 기반으로 하는지 공개해야 한다. 이러한 변화는 기술에 대한 불확실성을 줄이고 사람들의 신뢰를 높이려는 제도적 노력으로 볼 수 있다.

하지만, 여전히 해결되지 않은 문제들이 많다. 예를 들어, 생성형 AI(Generative AI)가 만든 기사나 이미지가 가짜임을 알아채기는 쉽지 않다. 2024년 미국 대선 과정에서 딥페이크(Deepfake) 기술을 활용한 가짜 영상 · 음성이 유포되어 사회적으로 큰 파장이 있기도 했다. 인공지능과 같이 영향력이 큰 기술이 부적절하게 설계되거나 잘못 사용되면 심각한 윤리적 · 사회적 · 법적 문제를 발생시킬 수 있다.

글로벌한 윤리 논의와 규범의 형성

인공지능 윤리(AI Ethics)는 AI 시스템 또는 서비스를 개발하고 활용하는 과정에서 인간의 가치와 사회적 책임을 지키기 위해 준비해야 할 도덕적 원칙과 지침으로 볼 수 있다. AI가 다양하게 활용됨에 따라 "기술을 만들 것인가, 말 것인가"의 문제는 "어떻게 만들고, 어떻게 사용할 것인가"라는 질문으로 바뀌게 되었다. 이 과정에서 등장한 것이 국가와 국제기구들의 AI 윤리에 대한 '원칙(Principles)'과 '가이드라인(Guidelines)'이다. 최근 몇 년 사이에, 유럽연합(EU), 경제협력개발기구(OECD), 유네스코(UNESCO) 등이 앞장서서 그 기준을 제안하였으며, 각국도 자국 상황에 맞는 AI 윤리 기준을 만들고 있다.

EU는 2019년에 《신뢰할 수 있는 AI를 위한 윤리 가이드라인(Ethics Guidelines for Trustworthy AI)》을 발표하였다. 이 가이드라인에서는 AI가 법을 준수하고(Lawful AI), 사람의 권리를 침해하지 않으며(Ethical AI), 신뢰할 수 있게 설계되어야 함(Trustworthy AI)을 강조한다. 여기에는 140개의 세부 평가 항목을 포함한 실천적 매뉴얼을 제시하려는 노력이 담겨 있다. 이러한 노력을 바탕으로 EU는 AI 법으로는 세계 최초로 포괄적 규제 체계의 입법화를 제안했다. AI 법은 AI 시스템을 위험도에 따라 구분해 규제하는 '위험 기반 접근법(Risk-based Approach)'를 채택했다. AI 법은 의료, 교통, 교육, 인프라 등 안전이나 기본권에 중대한 영향을 미칠 수 있는 분야에서의 AI는 '고위험(High-risk)'으로 분류했다. 고위험 AI 시스템은 개발 단계부터 위험 관리, 데이터 품질, 투명성, 인간의 감독, 견고성, 정확성, 보안 등 엄격한 기준과 절차를 따라야 하며, 시장 출시 전 · 후로 평가와 등록, 모니터링이 의무화된다. EU 집행위원회는 인간 감독 강화, 기술적 안전성 확보, 데이터 거버넌스 체계 구축 등 일곱 개 분야에서 구체적 이행 기준을 마련했다. 예를 들어 고위험 AI는 위험 관리, 데이터 품질, 투명성, 인간 감독, 정확성 · 견고성 · 보안 요건을 충족하고 사전 적합성 평가 · 사후 모니터링을 거쳐야 한다. 고위험으로 분류되는 자율주행 AI는 설계 단계에서 오류 가능성, 설명 방식, 사용자의 통제권 등 다양한 요소에 대해 구체적으로 평가받아야 한다. 이러한 규정들은 글로벌 기업들의 유럽 시장 진출 시 필수 준수 사항으로 작용하고 있다.

OECD는 2019년 5월에 미국 등 42개국을 포함한 각료 이사회 회의를 통해 'AI 활용 원칙에 관한 이사회 권고안'

을 공식 채택하였다. 권고안은 AI 시스템을 건전하고, 안전하고, 공정하고, 신뢰할 수 있게 설계해야 한다는 기본 이념 하에, AI와 관련하여 모든 사람이 공유해야 하는 '가치관에 대한 일반 원칙'과 '회원국 정부를 향한 정책 권고 사항'으로 구성되어 있다. 특히, 2013년에 OECD가 결의한 '개인정보 보호 지침'이 미국, 유럽 등의 전 세계의 '개인정보보호법'의 기초가 된 것을 상기할 때, 해당 권고안은 AI 기술 윤리 등에 관한 국제 사회가 공동으로 내놓은 최초 원칙이라는 점에서 의미가 있다. 이 원칙은 2021년 G20 정상 회의에서 '인간 중심 AI 원칙'으로 재확인되었다. OECD는 민간-정부 간 협력 플랫폼인 'AI 정책 관측소'를 운영하며, 회원국들의 이행 상황을 연간 평가 보고서 형태로 공개하고 있다. 이러한 피드백 메커니즘은 국가별 정책 개선을 유도하는 순기능을 발휘하기도 한다.

UNESCO는 기술뿐만 아니라 인간의 삶, 문화, 환경까지 고려한 보다 넓은 윤리 기준을 제안했다. 2021년 발표된 《AI 윤리 권고안》에는 인간의 존엄성뿐 아니라 디지털 기술이 생태계에 미치는 영향, 문화적 다양성의 존중, 교육 기회의 형평성 같은 가치도 포함되었다. 개발도상국의 디지털 격차 해소를 위한 국제 기금 설치도 언급하고 있다. UNESCO는 'AI 윤리 세계 포럼'을 매년 개최하며 학계 · 시민 단체 · 기업 대표가 공동으로 실행계획을 수립하도록 하고 있다. 2024년 포럼에서는 생성형 AI의 문화적 적합성 평가 지표 개발에 합의했으며, 아프리카 15개국과 함께 각국의 언어와 문화에 맞는 대규모 언어 모델(LLM: Large Language Model) 구축 프로젝트에 대한 논의도 진행하였다. 이는 AI가 단순히 '서구와 선진국 중심'으로 흘러가는 것을 방지하고, 세계 각지역의 가치와 언어도 반영되도록 하자는 시도라고 볼 수 있다.

EU, OECD, UNESCO 등은 각 기구의 특성에 맞게, EU는 법제화에, OECD는 경제적 형평성과 기술 활용의 투명성에, UNESCO는 문화 다양성과 포용에 중점을 두고 있다. 2023년 이후 생성형 AI의 확산으로 인해 '공정한 데이터 관리'와 '알고리즘 감사' 요건이 강화되는 추세다.

우리나라에서는 과학기술정보통신부가 2020년에 발표한 《사람이 중심이 되는 인공지능(AI) 윤리 기준》에서 '인간 존엄성 · 사회 공공선 · 기술 합목적성'을 기반으로 10대 핵심 요건(인권 보장, 프라이버시 보호, 다양성 존중, 침해 금지, 공공성, 연대성, 데이터 관리, 책임성, 안전성, 투명성)을 제시하였다. 2023년 개정안에서는 고위험 AI 시스템의 개발 · 배포자에게 '기본권 영향 평가' 의무화를 추가했으며 공공 기관은 윤리위원회 심의를 거쳐 AI 시스템을 도입하도록 권고하고 있다.

인공지능 윤리에 대한 이해의 필요성

우리는 SNS에서 AI가 추천한 뉴스와 광고를 보고, 은행에서 AI가 판단한 신용 등급에 따라 대출 조건을 제시받기도 한다. AI 기술이 우리의 일상 속 의사결정에 더 많이 관여하게 되면서, 일반 시민들도 AI에 대한 단순한 사용자 그 이상의 역할을 요구받고 있다. 그러나 대중이 AI의 작동 방식이나 윤리적 쟁점을 충분히 이해하는 데 한계가 있을 수 있다. 기술은 빠르게 발전하는데, 사람들의 이해는 그 속도를 따라가지 못하는 상황이 심화되고 있다. AI 윤리의 이해에 대한 '인식 격차'가 존재한다면 그것이 개인과 사회에 어떤 영향을 미치게 될지도 생각해 볼 필요가 있다.

영국의 2024년 《데이터와 AI에 대한 대중의 태도: 추적 설문 조사(4차) 보고서(Public Attitudes to Data and AI: Tracker Survey (Wave 4) Report)》에 따르면, AI라는 용어에 대해 알고 있는 영국 성인의 비율이 2022년 89%, 2023년 95%에서 2024년 96%로 증가했으며, AI 기

술에 대해 부분적으로라도 설명할 수 있는 비율은 2022년 57%, 2023년 66%에서 2024년 71%로 증가했다. 인구통계학적 집단 전반에 일관된 증가세가 있었지만, 연령, 사회경제학적 등급 등에 따라 그 격차가 있었다. 설문 조사에서 응답자들에게 AI에 대한 인식을 한 단어로 표현해 달라고 요청했을 때 대중의 불안감이 드러났는데, 가장 많이 언급된 단어가 '무서운', 그다음으로 '걱정스러운', '확신 없는', '우려하는' 순이었다. 상대적으로 젊은 세대가 AI에 대해 긍정적 인식을 갖긴 하지만, 전반적으로 사용자 개인은 부정적 감정이 우세했다. 그런데, 그동안 AI 윤리에 대한 국제적인 노력 때문인지, AI가 사회에 미칠 영향에 대해서는 긍정적 인식이 다소 앞서기 시작했다.

미국의 퓨 리서치 센터(Pew Research Center)의 2023년 설문 조사에서, 미국인의 52%가 일상생활 속 AI에 대해 기대감보다 우려를 더 느낀다고 답했으며, 10%가 우려보다는 기대감을 더 느낀다고 답했다. 36%가 기대감과 우려를 동시에 느낀다고 답했다. 미국인들은 AI의 일부 구체적 활용 사례들에 대해서는 긍정적으로 보고 있으나 AI가 어떻게, 그리고 왜 사용되는지에 따라 그 태도가 달라진다. 2024년 설문 조사에서는 51%가 "우려가 더 크다"고 답했다. 여전히 미국인의 상당수는 AI의 결정 과정을 이해하지 못해 불신하거나 우려하고 있다.

우리나라는 AI에 대한 대중의 관심이 크다. 그렇기 때문에 AI에 대한 긍정적 인식이나 이해도에 비율이 높을 수 있다. AI 시스템에 대한 윤리적 쟁점 사례가 보고되지 않은 상황에서, AI 윤리에 대한 이해 부족은 실제 불편과 피해로 이어질 수 있다. 영국은 2020년에 코로나19로 인해 고등학교 졸업 시험이 취소되자, 정부는 AI 알고리즘을 활용해 학생들의 성적을 자동으로 부여했다. 그런데, 이 알고리즘은 학교의 과거 평균 성적을 기준으로 삼았기 때문에, 사회적 약자나 소규모 학교에 불리하게 작용했다. 많은 학생들이 본인의 노력과 무관하게 낮은 성적을 받는 경우가 발생했고, 결국 정부는 이 알고리즘을 폐기했다. 이 사건은 알고리즘이 잘못 설계됐을 때, 그 결과가 단순한 오류가 아니라 삶의 기회를 좌우하는 문제로 이어질 수 있음을 보여준다. 더욱 중요한 것은, 많은 학생과 학부모들이 이 시스템이 어떻게 작동하는지도 몰랐다는 점이다.

AI 윤리에 대한 이해 부족은 '설명받을 권리', '결정에 이의를 제기할 권리', '개인의 정보를 보호받을 권리'와 같은 개인의 권리 행사에서의 격차로 이어질 수 있다. AI

의 판단 결과가 사회 시스템에 영향을 직접 주는 세상에서는 AI 윤리와 정보에 대한 이해력이 법적, 경제적, 사회적 격차로 이어질 수 있다. 예를 들어, 의료 AI의 오진으로 소송을 하려는 환자가 알고리즘의 결정 과정을 전혀 알지 못한다면, 제대로 된 법적 대응도 어렵다.

AI 윤리 이해도 격차에 대한 대응 역량을 키우기 위한 활동도 있었다. UNESCO는 2024년에 학생과 교사를 위한 《AI 역량 프레임워크(AI Competency Framework)》를 발표했다. 이 프레임워크에서는 초·중등 교육 과정에 'AI 윤리'를 포함해, 학생들이 AI를 안전하고 책임감 있게 사용할 수 있도록 12개 핵심 역량(인간 중심적 사고, AI 윤리, AI 기술과 응용 등)을 제시하였다. 특히 윤리적 AI 활용과 시민적 책임, 평생학습을 위한 기초 AI 지식의 중요성을 강조하고 있다. 미국 캘리포니아주 일부 학군에서는 알고리즘 편향, 데이터 프라이버시, 책임 있는 AI 사용 등을 포함한 AI 리터러시 프로그램을 시범 도입했다.

AI는 지금까지 봐 왔던 기술들과 다르게, 우리 삶의 중요한 결정에 영향을 주고 직접적으로 개입하는 존재가 되기도 한다. 특히, AI를 이해하고 윤리적으로 다룰 수 있는 능력은 새로운 시민 의식이 되고 있다. AI 시대에 법적, 경제적, 사회적 격차와 불이익에 대비하기 위해, AI 윤리에 대한 이해는 미래 사회에 가장 필요한 능력 중에 하나일 수 있다.

참고문헌

방준성(2022). "메타버스 서비스 확대를 위한 인공지능 기술의 활용". 《한국통신학회지: 정보와 통신》, 39(2), 64~73쪽.

방준성 외(2024). "안전하고 신뢰할 수 있는 AI 활용 국방가이드라인(연구보고서, 11-1290000-000985-01)". 국방부.

유재흥 외(2021). "유럽(EU)의 인공지능 윤리 정책 현황과 시사점: 원칙에서 실천으로". 《ISSUE REPORT》, IS-114. 소프트웨어정책연구소(SPRi).

유지연·정나영(2024). "인공지능(AI) 윤리원칙을 중심으로 한 규제 내용 분석·비교". 《IT와 법 연구》, 28, 137~210쪽.

유화선 외(2024.5.28). "인공지능 윤리(AI Ethics): 인간과 인공지능의 조화로운 공존 방안". 《ISSUE BRIEF》, 68. KISTI.

이상욱(2021.12.3). 《유네스코 인공지능(AI) 윤리 권고 해설서: 인공지능 윤리 이해하기》. 유네스코한국위원회.

British Government(2024.12.16). Public attitudes to data and AI: Tracker survey (Wave 4) report. https://www.gov.uk/government/publications/public-attitudes-to-data-and-ai-tracker-survey-wave-4/public-attitudes-to-data-and-ai-tracker-survey-wave-4-report

EU AI Act(2024.7.10). High-risk AI systems under the EU AI Act. https://www.euaiact.com/blog/high-risk-ai-systems-under-the-eu-ai-act

European Commission(2019.4.8). Ethics guidelines for trustworthy AI.
https://digital-strategy.ec.europa.eu/en/library/ethics-guidelines-trustworthy-ai

European Union(2021.4.21). Proposal for a regulation of the European parliament and of the council laying down harmonised rules on artificial intelligence (artificial intelligence act) and amending certain union legislative acts.
https://eur-lex.europa.eu/legal-content/EN/TXT/?uri=celex:52021PC0206

Faverio, M. & Tyson, A.(2023.11.21). What the data says about Americans' views of artificial intelligence. Pew Research Center.
https://www.pewresearch.org/short-reads/2023/11/21/what-the-data-says-about-americans-views-of-artificial-intelligence/

McClain, C. et al.(2025.4.3). How the U.S. public and AI experts view artificial intelligence. Pew Research Center.
https://www.pewresearch.org/internet/2025/04/03/how-the-us-public-and-ai-experts-view-artificial-intelligence/

Miao, F. & Cukurova, M.(2024). *AI competency framework for teachers.* UNESCO.
https://unesdoc.unesco.org/ark:/48223/pf0000391104

Miao, F. et al.(2024). *AI competency framework for students.* UNESCO.
https://unesdoc.unesco.org/ark:/48223/pf0000391105

Strickland, E.(2019). IBM Watson, heal thyself: How IBM overpromised and underdelivered on AI health care. *IEEE Spectrum, 56*(4), pp.24~31.

UNESCO(2023.5.16). Recommendation on the ethics of artificial intelligence.
https://www.unesco.org/en/articles/recommendation-ethics-artificial-intelligence
UNESCO(2024.12.20). UNESCO and smart Africa train francophone leaders to harness AI for justice systems.
https://www.unesco.org/en/articles/unesco-and-smart-africa-train-francophone-leaders-harness-ai-justice-systems

02
편향성과 공정성

인공지능 시스템은 데이터 수집과 알고리즘 설계 과정뿐 아니라 사회 · 문화적 맥락 속에서도 다양한 편향이 발생하며, 이는 특정 개인이나 집단에게 불공정한 결과를 초래한다. 실제로 채용, 의료, 법 집행, 금융 등에서 편향된 인공지능 모델이 성별 · 인종 · 지역 등에 따른 차별을 재생산하는 사례가 보고되고 있다. 이러한 문제는 기술적 · 사회적 불평등을 심화시키기에, 편향성을 인식하고 공정성을 확보하기 위한 노력은 필수적이다.

노래하는 AI 보컬?

AI 편향성과 구조적 원인

'편향(偏向)'은 사전적으로 한 방향으로 치우침을 의미하며 특정 대상이 기준에서 벗어난 체계적 경향을 지칭한다. '편향성'은 편향 현상 자체가 지닌 속성 또는 성질을 의미한다. 편향은 편향성을 구성하는 개별 요소로 작용하며, 편향성은 다중 편향 요소의 복합적 산물이다. 인공지능(AI) 편향(Bias)은 데이터나 모델이 일관되게 왜곡된 결과를 말하는 반면, 인공지능 편향성(Biasness)은 편향이 지속적으로 적용되는 과정이나 편향이 반영된 시스템 전체의 경향성을 의미한다. 편향은 데이터 수집, 알고리즘 설계 등의 과정에서 발생할 수 있으며, 이로 인해 AI 시스템은 특정 집단을 우대하거나 차별하게 된다. '편견(Prejudice)'은 편향된 인식이나 가치 판단을 통해 특정 집단이나 개인을 부정적으로 평가하는 태도를 의미한다. 이는 주로 사회적 경험이나 고정 관념에서 비롯되며, 편향과는 다르게 인식적 차원에서 발생한다. AI 시스템의 편향성은 인간에 편견을 심어줄 수 있어 위험하다.

AI 시스템의 출력은 본질적으로 훈련 데이터와 입력에 의해 좌우된다. 그래서 훈련 데이터에 내재된 역사적 불평등과 사회적 편향이 고스란히 알고리즘에 반영된다. 이를 '데이터 편향(Data Bias)'이라 한다. 데이터 편향은 표본 추출 편향(Sampling Bias), 역사적 편향(Historical Bias)과 같은 요인에서 발생하게 된다.

'표본 추출 편향'은 데이터 수집 과정에서 특정 대상·집단이나 현상에 대해 과소/과대 대표되는 경우다. 데이터 편향 사례로 구글 포토(Google Photos) 서비스의 '고릴라 태그' 사건이 있다. 구글 포토는 2015년에 흑인 사용자의 일부 사진을 '고릴라'로 자동 분류했는데, 그 당시에 구글은 근본적 해결 대신 '어두운 피부를 가진 얼굴 인식의 부정확성'을 인정하고 '고릴라', '침팬지' 태그 자체를 차단하는 임시 조치를 했다. 데이터 편향 해결이 즉각적으로 가능하지 않음을 알 수 있다. 훈련 데이터 세트에 유색 인종의 이미지가 충분히 포함되지 않았기 때문에 발생한 문제였다. AI가 대상을 판별하는 과정에서 확률적으로 유사한 범주로 분류하는 경향이 있고, 이는 과소대표된(Underrepresented) 집단에 불리한 결과를 가져온다. 2024년의 한 연구에 따르면, 응급실에서 동일 증상·중증도의 흑인 환자는 백인보다 의료 검사(예: 패혈증 진단)를 4.5% 덜 받았다고 한다. AI가 실제로 아픈 흑인 환자를 그렇지 않다고 분류할 위험성이 있는 것이다. 유럽계 환자의 데이터로 훈련된 피부암 진단 AI 모델은 아프리카계 환자에 대한 오진율이 약 2배 정도 높게 보고되기도 했다.

'역사적 편향'은 과거의 차별이나 불평등한 제도적 기록이 포함된 데이터를 AI 모델이 학습하게 되어 발생한다. 미국 정부는 1930년대에 흑인 거주 지역을 '위험'으로 표시해 대출을 차단했던 적이 있었다. 2024년에 리하이 대학(Lehigh University)에서는 AI 모델(예: GPT-4, Claude 3 등)에 동일한 금융 프로필의 대출 신청서를 입력하여 그 결과를 평가했는데, 흑인 지원자는 백인보다 승인율이 낮고, 동일 승인 시 평균 금리가 0.5%포인트 더 높았으며, 동일 금리 획득을 위해 신용 점수가 120점 더 필요했다. 이에 대해서 AI 모델이 인종 차별적 정책인 '레드라이닝(Redlining)'의 흔적이 담긴 금융 데이터를 학습했기 때문이라고 유추한다. AI 윤리에 대한 인간의 관심이 없다면, AI는 과거를 답습하여 재현하고 강화한다.

AI의 편향은 데이터만이 아니라, 알고리즘 설계 과정에서도 발생한다. '알고리즘 편향(Algorithmic Bias)'은 AI 모델을 설계하고 최적화하는 과정에서 개발자의 가치 판단이 개입되어 발생한다. 수학 모델은 객관적인 것처럼 보이지만, 어떤 대상에 대해 어떤 기준으로 판별하고 어떤 특성에 대해 예측하는지 선택하는 순간부터 편향은 시작될 수 있다. 이와 같은 현상은 편향된 데이터에서 정확도가 높은 모델을 선택할 때 발생하는 '모델 선택 편향(Model Selection Bias)'이나 최적화 과정에서 공정성을 고려하지 않은 목표 함수를 설정할 때 발생하는 '목표 함수 편향(Objective Function Bias)'으로 나타난다.

AI의 편향성은 단순히 기술적 문제가 아니라, 사회와 문화의 맥락을 반영한 구조적 편향(Structured Bias)을 갖는다. AI는 우리 사회를 반영한다. AI는 중립적이기보다 이해관계자의 가치관, 법 · 제도, 문화, 규범 등을 바탕으로 사회를 특정한 방식으로 해석하고 재현한다. 미국 교정 행정에서 사용된 '재범 위험 예측 시스템(COMPAS)'는 흑인 피고인에게 백인 대비 2.3배의 재범 점수를 부여하여 실제 범죄율보다 더 높은 수준의 사법 처리를 유도했다. 이는 미국 사법 시스템의 구조적 인종 편향이 알고리즘에 반영된 사례로 볼 수 있다. 대규모 언어 모델에서 나타나는 문화적 편향도 주목할 만하다. OpenAI의 5가지 LLM(예: GPT-4o/4-turbo/4/3.5-turbo/3)을 107개 국가/지역의 문화적 가치관과 비교한 결과, 모든 모델의 출력은 영어권 · 개신교 유럽 국가(미국, 영국 등)의 문화적 가치와 유사했는데, 특히 아프리카 · 아시아 국가들의 문화적 정체성은 심하게 저해되는 양상을 보였다. AI 모델의 학습에 사용되는 훈련 데이터의 대부분이 영어권이나 백인 중심의 자료에 기반하여 수집되어 활용되었기 때문에, 소수 집단의 문화, 정체성 등에 대한 묘사가 왜곡되거나 배제된 것으로 볼 수 있다. 프롬프트(Prompt)로 입력되는 텍스트를 이미지로 전환하는 스테이블 디퓨전(Stable Diffusion) 모델은 일반적으로 'CEO' 프롬프트에 백인 남성의 이미지를, 'nurse' 프롬프트에 여성 이미지를 생성하였고, '패스트푸드 종사자'와 같이 저임금 직종에 대해서는 어두운 피부 톤을 갖는 인종의 이미지를 생성하였다. 이는 생성형 AI가 역사적 고정 관념을 증폭시키는 사례로 볼 수 있다. 'COMPAS의 인종 편향', 'GPT의 문화적 편향', '스테이블 디퓨전의 성 · 인종 고정 관념'은 검증 가능한 데이터로 입증된 사례이며, 이는 AI 모델의 편향이 사회 구조의 체계적 재생산의 표출이기도 함을 보여 준다. AI의 편향성에 대한 이해는 데이터 수집 및 모델 개발 · 배포의 전 과정에 걸친 사회적 책임과 맥락 이해가 필수적이다.

공정성의 기준과 사회적 쟁점

AI 시스템에서 '공정성(Fairness)'은 특정 개인이나 집단에 불리한 결과를 초래하지 않고 모든 사용자에게 차별 없이 공평하게 작동하는 개념이지만, 이는 단순한 기술적 지표를 넘어 사회적 · 윤리적 책임을 포괄하는 다차원적 원칙이어야 한다. '기술적 공정성(Technical Fairness)'은 통계적 지표(예: 기회 평등성, 불균등 비율)에 따라 판단되며, 알고리즘 성능의 정량적 평등성을 목표로 한다. 반면, '사회적 공정성(Social Fairness)'은 역사적 · 문화적 맥락과 사회 구조 등에서 비롯된 불평등을 고려하여 기술의 결과가 인간 사회의 가치에 얼마나 부합하는가를 기준으로 평가된다.

예를 들어, 학자금 대출 상환 관련하여 2023년 미국에서 도입된 소득 기반 상환 유예 평가 알고리즘은 기술적으로 모든 인종에게 적용되었고 오류율도 비슷하게 유지되었지만, 사회적으로 흑인 학생들의 평균 학자금 부채가 백인보다 훨씬 높게 유지되는 구조적 현실을 반영하지 못하여 '결과적 불공정성' 비판을 받기도 했다. 이는 학자금 시스템이 기술적 공정성 구현만으로는 한계가 있음을 시사하는 사례다. 이는 공정성이 단순히 통계적 수치의 평등이 아니라, 맥락에 기반한 분배 정의(Distributive Justice) 개념과도 관계가 있음을 보여준다.

이와 같이 기술적 공정성과 사회적 공정성의 간극에

의한 한계는 의료 AI, 채용 AI, 교육 AI 등 사회적 결정에 영향을 주는 고위험 시스템에서 더욱 첨예하게 드러난다. 2024년 스탠퍼드 HAI 보고서는 "사회적으로 불평등한 구조에서 나온 데이터를 기준 삼아 공정성을 측정하면, 정의의 역전(Paradox of Fairness)이 발생할 수 있다"고 경고했다. 공정성을 수학적 규칙으로 환원하는 시도가 오히려 기존의 불공정을 재정의하거나 은폐하는 수단이 될 수 있다는 점에서, 공정성의 정의 자체를 정치적, 윤리적 논의의 대상으로 삼아야 할 필요성도 있다.

공정성은 동일한 윤리적 기준에 의해 개발된 알고리즘이라도 사회·문화적 특성에 따라 그 평가가 달라진다. MIT의 《Moral Machine》 연구에 따르면, 자율주행차 사고 상황에서 누구를 구할 것인가에 대한 선호는 국가 및 지역별로 사고 상황에서의 선호가 뚜렷하게 달랐다. 중국, 일본, 한국 등 집단주의 문화권에서는 '가장 많은 생명 보호'를, 미국, 독일 등 개인주의 문화권에서는 '어린 사람 보호'를 우선시하는 응답이 많았다. 이는 알고리즘적 결정의 공정성 기준이 사회·문화적 가치에 따라 다르게 해석될 수 있음을 시사한다. 2024년 UNESCO가 공개한 문화권별 AI 윤리 인식 조사에서도 유사한 패턴이 확인되었다. 서구권에서는 프라이버시 중심의 공정성 기준을 선호한 반면, 동남아시아권에서는 공동체에 미치는 영향과 형평성을 중심으로 공정성을 인식했다.

이러한 사회·문화적 특성의 불일치는 글로벌 AI 서비스에 대한 부정적 반응의 원인이 될 수 있다. 예를 들어, 2023년 메타(Meta)의 콘텐츠 추천 알고리즘이 인도네시아 무슬림 사용자에게 종교적으로 부적절한 광고를 지속 노출해 사회적 논란이 발생했고, 이는 '문화적으로 정렬된 공정성(Culturally Aligned Fairness)'의 필요성을 부각시켰다. 단일한 공정성 지표를 세계적으로 적용하는 것이 기술적 일관성을 높일 수는 있지만, 문화적 감수성을 무시한다면 이는 윤리적 실패로 이어질 수 있어서 기술 설계 초기 단계에서부터 이러한 점이 고려되어야 한다.

공정성은 정의(Justice), 평등(Equality)과 형평(Equity) 등 다양한 윤리적 가치들과 중첩된다. AI 시스템 설계자는 어떤 가치를 우선시할지를 판단해야 할 수 있다. 그런데, 이슈는 이 선택이 단순한 기술 설계의 문제가 아니라 시스템의 윤리적 결정에 영향을 준다는 점이다. AI 시스템이 어떤 공정성 개념을 기준으로 설계되었는지를 공개하지 않으면, 결과의 정당성을 평가하거나 비판하기 어렵다. '어떤 공정성이 옳은가?'라는 질문은 기술의 가치중립성을 부정하고, 기술 설계 자체를 정치적 선택의 결과로 인식할 수 있게 만든다. 이는 공정성 기준의 형성 과정에 시민 참여와 사회적 합의를 제도화할 필요성을 시사한다.

편향 완화와 공정성 평가의 가능성과 한계

AI 시스템의 편향을 줄이기 위한 기술은 데이터, 알고리즘, 결과 해석의 전 과정에 걸쳐 다양한 전략으로 적용되고 있다. 기술적으로 편향 완화를 위해, 데이터에 내재된 불균형을 조정하는 기법들이 활용될 수 있다. AI 모델 훈련 이전의 데이터 편향을 줄이기 위해, 샘플을 반복해서 재추출하고 그 샘플에 모델을 적합하여 통계적 신뢰도를 높이는 '재표본화(Resampling)', 데이터 세트의 샘플에 가중치를 다르게 부여해 분석이나 학습 과정에서 특정 샘플의 중요도를 조절하는 '재가중치화(Reweighting)', 기존 오버샘플링(Oversampling)에서 마이너리티 클래스(Minority Class)와 유사한 데이터를 생성하여 모델이 더 일반화된 패턴을 학습할 수 있도록 하는 'SMOTE (Synthetic Minority Oversampling Technique)' 등의 기법들이 있다.

편향 완화를 위해 알고리즘 학습 자체를 수정하는 방

식이 사용될 수 있다. 대표적인 방법으로 모델의 학습 과정에서 편향된 정보를 최소화하는 방식으로 학습하도록 하는 '적대적 디바이징(Adversarial Debiasing)', AI 모델의 학습 과정에 특정한 제약 조건을 추가하여 차별적 판단이 발생하지 않도록 하는 '공정성 제약(Fairness Constraints)' 등의 기법들이 있다. IBM AI Fairness 360 툴킷은 이 접근을 기반으로 79개 지표 기준의 다차원 공정성 최적화를 제공하며, 2024년 금융 사례에서 여성 대출자 차별률을 1.8에서 1.2로 감소시켰다.

AI 모델이 출력한 결과를 재조정하는 방식으로 편향을 완화하려는 연구도 진행되고 있다. 하지만 편향 완화 과정에서 다른 평가 지표에 영향을 줄 수 있기 때문에 신중하게 접근할 필요가 있다.

AI 공정성을 측정하는 방식은 매우 다양하며, 그 자체가 윤리적 선택을 내포한다. 대표적으로 '예측 민감도/특이도 균등화(Equalized Odds)', '결과 분포 동등성(Statistical Parity)', '양성 예측도 균등성(Predictive Rate Parity)' 등이 있다. 그러나 이들 지표는 서로 양립 불가능한 경우가 많다. 즉, 하나의 공정성 기준을 만족시키기 위해 다른 공정성 기준을 위반해야 하는 '불가능성 정리(Impossibility Theorem)'가 존재한다. 예를 들어, 미국에서 사용한 COMPAS의 범죄 재범 예측 모델을 분석한 ProPublica 보고서에 따르면, 해당 알고리즘은 흑인 피고인에게 높은 재범 점수를 주는 경향이 있었다. 이에 대해 개발사는 '예측 민감도의 균형'을 주장했지만, 비판자들은 '결과의 공정성'이 결여되었다고 지적했다. 이 사례는 어떤 공정성 지표를 선택하느냐에 따라 전혀 다른 윤리적 해석이 가능함을 보여준다. 기술적으로 다양한 지표를 계산하는 것이 가능하더라도, 실제로 어느 공정성 개념을 우선시할지에 대한 윤리적 선택 없이는 평가 결과가 정치적 정당성을 갖기 어렵다.

완전한 편향 제거는 현실적으로 불가능하다. 인간이 만든 시스템은 필연적으로 어떤 형태로든 편향을 포함하기 때문이다. 앞에서 설명한 한계들로 인해 인공지능 편향 완화는 기술적 해결 노력과 함께 사회적, 윤리적 차원의 지속적인 노력이 필요하다.

참고문헌

방준성 외(2023). "대규모 언어 모델을 사용하는 인공지능 기반 대화형 챗봇의 편향성 평가 프레임워크 개발 방법". 《방송공학회논문지》, 28(5), 545~563쪽. doi: 10.5909/JBE.2023.28.5.545.

방준성·이상민(2024). "인공지능 기반 학습자 맞춤형 교육을 위한 형평성과 편향성 연구". 《멀티미디어 언어교육》, 27(4), 70~86쪽. doi: 10.15702/mall.2024.27.4.70.

Angwin, J. et al.(2016.5.23). Machine bias: There's software used across the country to predict future criminals. And it's biased against blacks. ProPublica.
https://www.propublica.org/article/machine-bias-risk-assessments-in-criminal-sentencing

Consumer Financial Protection Bureau(2024.11.26). An analysis of the first seven months of the federal student loan return to repayment.
https://www.consumerfinance.gov/data-research/research-reports/analysis-of-first-seven-months-of-federal-student-loan-return-to-repayment/

Ferrara, E.(2023). Fairness and bias in artificial intelligence: a brief survey of sources, impacts, and mitigation strategies. *Sci, 6*(1), 3. doi: 10.3390/sci6010003.

Guo, Y. et al.(2024.11.16). Bias in large language models: origin, evaluation, and mitigation.
https://arxiv.org/abs/2411.10915

Norori, N. et al.(2021.10.8). Addressing bias in big data and AI for health care: a call for open science. *Patterns, 2*(10).
https://pmc.ncbi.nlm.nih.gov/articles/PMC8515002/

Obi, I. & Gray, C. M.(2023). Auditing practitioner judgment for algorithmic fairness implications. *IEEE International Symposium on Ethics in Engineering, Science, and Technology (ETHICS).* doi: 10.1109/ETHICS57328.2023.10154992.

Smith, D.(2024.10.30). Accounting for bias in medical data helps prevent AI from amplifying racial disparity. Michigan

Engineering.
https://news.engin.umich.edu/2024/10/accounting-for-bias-in-medical-data-helps-prevent-ai-from-amplifying-racial-disparity/

Tao, Y. et al.(2024.6.26). Cultural bias and cultural alignment of large language models. https://arxiv.org/abs/2311.14096

03
투명성과 설명 가능성

투명성은 알고리즘이 어떤 데이터로, 어떤 과정을 거쳐 학습되고 작동하는지를 공개하는 것이고, 설명 가능성은 그 결과가 왜, 어떻게 도출되었는지를 인간이 이해할 수 있는 방식으로 제시하는 능력이다. 이를 통해 이해 관계자들은 인공지능의 오류 위험과 편향을 점검할 수 있으며, 잘못된 결정이 발생했을 때 책임 소재를 명확히 파악할 수 있다.

인공지능과 편향?

투명성과 설명 가능성의 필요성

인공지능(AI)이 인간과 사회의 의사결정 구조에 깊숙이 개입하면서 '어떻게 결정되었는가'를 이해하려는 사회적 요구가 점점 강해지고 있다. 특히, 법, 의료, 금융, 교육 등의 고위험 분야에서의 AI 판단은 기술적 문제를 넘어서 인간의 권리, 책임 등의 문제와 직결된다. '투명성(Transparency)'과 '설명 가능성(Explainability)'은 인공지능의 윤리적 발전과 책임 있는 활용을 위해 필수적인 요소다.

설명 가능성은 AI 모델 또는 알고리즘이 입력값에 따라 어떤 결정을 하는지에 대한 내부 논리를 인간이 이해할 수 있는 방식으로 설명하는 것을 의미한다. 이는 기술적, 사회적 차원의 설명을 포괄하여야 한다. 투명성은 AI 시스템의 작동 방식과 의사결정 과정에 대한 개방성을 의미한다. 이는 AI 모델이 어떤 데이터에 기반해, 어떤 구조로 작동하는지를 외부 이해 당사자가 점검할 수 있도록 공개되어 있는 상태를 말한다. AI 시스템의 책임성과 신뢰성 확보를 위해 이들의 기술적 구현이 요구된다.

투명성 및 설명 가능성과 함께 등장하는 개념 중에 '추적 가능성(Traceability)'이 있다. 각국 표준, OECD · EU AI Guidelines, IEEE · ISO · NIST 등 공식 문서에서도 투명성과 설명 가능성에 추가로 추적 가능성을 'AI 시스템 신뢰성'의 핵심 요소로 함께 기록하고 있다. 추적 가능성은 데이터 및 모델의 전 과정을 검증 · 역추적 · 감사할 수 있도록 기록 · 관리하는 것을 의미한다. AI 모델의 성능과 신뢰성이 학습 데이터에 크게 의존하기 때문에, 데이터의 출처와 변형 과정을 명확히 추적하는 것이 중요하다. 투명성은 사용한 학습 데이터와 전처리 방법 등을 공개하는 것과 관련이 있으며, 설명 가능성은 특정 진단 결과에 대한 주요 요인 분석을 제공하는 것과 관련이 있고, 추적 가능성은 진단 결과와 데이터, 모델 버전 등을 기록하는 것과 관련이 있다. 이는 의료(예: 암 진단), 금융(예: 신용 평가), 공공 정책(예: 복지 자격 판정)과 같이 사회적으로 민감한 영역에서 특히 더 중요하다.

AI 시스템에 투명성과 설명 가능성이 구현되지 않으면 사용자는 그 결정을 신뢰하거나 비판할 수 없고 오류 발생 시에 책임을 물을 수 없다. 예를 들어, 위스콘신주 법원에서 범죄자 재범 평가에 COMPAS라는 시스템을 사용했는데, 2016년의 ProPublica 보도에서 COMPAS가 흑인에게 더 높은 재범 위험을 예측하는 경향에 대해 문제를 제기했다. 그러나 개발사는 내부 알고리즘 구조 · 변수 가중치는 '상업적 기밀'이라며 비공개했다. 그 후에

위스콘신주 대법원의 판례에서 COMPAS 점수 산정은 법적 참고 자료일 뿐, 알고리즘의 세부 공개 및 결과 설명(설명 의무)은 강제되지 않음을 인정하였다. 다른 예로, 캐나다 온타리오에서는 2018년에 자동 복지 심사 시스템을 도입하였는데, AI가 수천 건의 부당 탈락 결정을 내렸음에도 불구하고, 시스템의 내부 결정 과정이 일반 시민이나 법률 대리인에게 설명되지 않아 논란이 확산되었다. 결국, 설명 가능한 알고리즘이나 사회적으로 책임 있는 AI(Explainable Algorithms, Socially Responsible AI)에 대한 원칙의 논의와 함께, 2020년 이후 중단 또는 개선 과정을 거치게 되었다. 주정부는 해당 시스템을 중단하고, 설명 가능한 사회적 알고리즘 원칙을 마련하게 되었다.

국제적으로, OECD AI Principles(2019)에는 공정성, 투명성, 책임성 원칙이 규정되어 있으며, 이에 따라 'OECD AI 정책 관측소(OECD AI Policy Observatory)'에서는 회원국들의 법 · 제도 현황, 정책 이행 상황을 정기적으로 추적, 분석하고 있다. UNESCO의 권고는 설명 가능성의 개념을 언급하며, "영향받는 당사자가 AI 시스템의 작동 방식을 이해하고 통제할 수 있어야 한다"고 명시한다. EU AI Act(2023)에서는 고위험 AI 시스템에 대해 투명성, 설명 가능성 등 핵심 요건을 규정하고, 법 조문에는 사용자 권리로서 정보 접근·설명 제공 관련 조항이 포함되어 있다.

설명할 수 없는 판단, 검증할 수 없는 시스템은 사회적으로 불신을 야기할 뿐 아니라, 피해자의 권리 회복을 구조적으로 불가능하게 만든다. 기술의 성능과 정확성뿐 아니라, "이해 가능성과 통제 가능성"에도 관심을 두어야 한다.

투명성과 설명 가능성의 실현

AI 시스템에서 투명성과 설명 가능성을 실현하고자 하는 노력은 2020년 이후에 크게 증가하고 있다. 생성형 AI 기술이 활용된 시스템은 더 복잡하겠지만, 신뢰성 확보를 위해 딥러닝 기반 모델의 결정 과정을 인간이 이해할 수 있도록 설명하거나 시스템 전체 구조와 작동 논리를 투명하게 드러내는 기술이 연구되고 있다. 설명 가능성 기술은 크게 두 가지로 분류된다. 하나는 '내재적' 모델 설계로, 애초에 해석이 가능한(Interpretable) 구조로 시스템을 구성하는 방식이고, 다른 하나는 '사후적' 방식으로, 복잡한 모델의 출력을 사후적으로 설명하는 기법이다.

내재적 모델 설계 방식은 설명 가능성을 근본적으로 확보하기 위해 설계 단계에서부터 해석 가능한 모델을 사용하는 접근이다. 의사결정 트리(Decision Tree), 회귀 분석(Linear/Logistic Regression), 규칙 기반 시스템(Rule-based System) 등이 내재적 설명 모델로 사용되어 왔으나, 최근에는 다양한 하이브리드 모델들이 개발되고 있다. 예를 들어, 일반화 가법 모델(GAM: Generalized Additive Model)은 각 변수의 효과를 독립적으로 시각화할 수 있어, 정책 결정, 의료 진단, 재무 분석 등에서 유용하게 활용될 수 있다. 2021년 MIT CSAIL 연구진은 뇌 영상 분석, 심장 질환 예측 등에서 신경망의 복잡성을 유지하면서도 설명 가능성의 실현을 위해 개별 특성 함수의 시각화가 가능한 "신경 가법 모델(NAM: Neural Additive Model)"을 개발하였다. 이러한 내재적 모델은 고성능 딥러닝 시스템에 비해 정확도가 낮은 경우도 있지만, 결과에 대한 사회적 수용성과 신뢰도 측면에서 강점이 있다.

사후 설명을 위한 방법에 대표적으로 시스템 개발 과정에서 각 입력 변수가 모델의 예측에 미치는 영향을 정량화하는 'SHAP(SHapley Additive exPlanations)', 복잡한 AI 모델의 로컬 동작을 선형 모델로 근사하여 설명하는 'LIME(Local Interpretable Model-agnostic Explanations)', 이미지 분류 등의 작업에서 중요한 영역을 시각화하는 'Grad-CAM(Gradient-weighted Class Activation Mapping)' 등이 있다. 이들은 주로 입력 변수의 중요도, 예측 결과에 기여한 요소, 시각적 히트맵 등을 통해 모델의 작동 원리를 설명한다. 구글 클라우드(Google Cloud)의 Vertex AI는 SHAP 기반 설명 기능을 통합하여 기업 고객이 AI 예측 결과의 투명성을 확보할 수 있도록 지원하고 있다.

최근에는 단일 설명 기법을 넘어서, 다양한 설명 방식과 대상 사용자(전문가/비전문가 등)에 따라 맞춤형 설명을 제공하는 복합 플랫폼이 개발되고 있다. 대표적으로 IBM의 AI Explainability 360(AIX360), Microsoft의 InterpretML, Fiddler AI, Truera 등이 있으며, 이들은 사후 설명, 내재적 설명, 시각화, 규제 대응 문서화를 통합한 프레임워크를 제공한다.

설명 가능성을 법제화하는 움직임도 병행되고 있다. 미국 캘리포니아주는 AI 모델의 투명성 및 설명 가능성과 관련하여 2024년 "AI Transparency Act", "Preventing Algorithmic Collusion Act" 등 다수 AI 관련 입법을 추진하였다. 싱가포르 PDPC는 설명 가능성과 투명성에 대한 가이드라인을 발표하여 기업이 사용자에게 정보 제공 및 설명 의무를 갖도록 권고하고 있다.

설명 가능한 AI 실현의 한계

AI 시스템에서 투명성과 설명 가능성을 구현하려는 노력이 지속되고 있음에도 불구하고, 그 실현에는 여전히 기술적, 사회적, 제도적 한계가 존재한다.

먼저, 기술적 구조의 복잡성에 따른 설명력의 제약에 따른 한계가 있다. 심층 신경망(DNN: Deep Neural Network) 모델의 경우에 수억~수조 개의 파라미터를 포함하며, 수십~수백 개의 네트워크 층과 다수의 비선형 변환 과정을 거쳐 다양한 문제를 해결한다. 그러나 이러한 모델의 작동 원리는 인간이 직관적으로 이해하거나 결정 과정을 추론하기에는 지나치게 복잡하다. GPT-4는 단일 추론 과정에서 수십억~수백억 개의 부동소수점 연산을 수행하기 때문에, 각 뉴런 활성 패턴이 전체 결과에 미치는 영향에 대해 정량적으로 설명하는 것은 현재의 기술 수준으로 현실적인 한계가 있다. 또한 SHAP, LIME, Grad-CAM 등 사후 설명 기법들은 입력별 기여도(Feature Attribution)를 제시할 수 있으나, AI 모델의 전반적 구조/판단 논리 전체를 완전히 설명하기는 어렵다. SHAP 및 LIME의 설명 일관성은 60~75% 수준이라는 연구 결과도 있으며, 이는 아직까지 설명 일관성 취약, 사용자 해석 오류 가능성 문제가 있음을 시사한다.

AI 시스템의 투명성과 설명 가능성을 보장하기 위해 기업들이 내부 알고리즘과 데이터 흐름을 공개해야 한다는 사회적 요구가 증가하고 있으나, 이는 영업 기밀 보호, 경쟁 우위 유지, 보안 리스크 등과 충돌한다. 예를 들어, 핀테크나 AI 신용평가 등 금융 분야에서 모델 구조·가중치·피처셋을 공개하면 경쟁사의 모방이나 역공학이 가능해진다는 산업계의 우려가 존재한다. 최신 연구에서 '프롬프트 반전(Prompt Inversion)', '역방향 프롬프트 엔지니어링(Reverse Prompt Engineering)'처럼 입력-출력 쌍만으로도 내부 모델 구조나 일부 프롬프트, 가중치, 작동 방식 일부 유추가 '부분적으로' 가능하다고 보고되기도 했다.

또한 AI 시스템의 설명을 제공하려면 개인정보 또는 민감 정보 활용이 필요한 경우가 많은데, GDPR, CCPA 등에 의해 설명을 위한 데이터 접근이 제한되기도 한다. GDPR 제22조는 '전적으로 자동화된 처리에 기초한 의사결정(예: 신용 거절, 온라인 자동 고용 탈락)'에 대해 설명권, 이의 제기권, 인간 개입 요구 등에 대한 권리를 명시하고 있다. 동시에, GDPR는 제5조 등에서 개인정보 최소화, 목적 제한, 명확한 합법적 근거, 비식별화 등 엄격한 기준을 병행 적용하고 있다. 실제 산업 현장에 적용할 때, '적합한 해석 기준'을 만드는 일은 여전히 쉽지 않다. 즉, '무엇을 어떻게 공개해야 충분한 투명성이 확보되는가?' 등에 대한 합의도 필요한 상황이다.

설명 가능성을 확보하려는 기술적 시도가 AI 시스템의 성능 저하나 계산 비용 증가로 이어져 이는 구현에 대한 부담으로 이어진다. 예를 들어, 다양한 상황에 대해 대처해야 하는 자율주행 시스템에서 Grad-CAM 기반 설명을 실시간 병행 실행할 경우에 추론 속도 저하로 사고로 이어질 수 있다. 또한, 도메인에 따라 설명의 내용과 요구 수준이 달라지는 문제도 존재한다. 의료 분야에서는 질병 판단의 근거가 상세히 요구되지만, 금융에서는 대출 이자 산정 기준이 중요하고, 교통 분야에서는 위험 예측의 위치성과 확률적 설명이 중요하다. 따라서 각 분야별로 어떤 설명이 적합한지에 대한 사회적 합의와 표준화가 전제되어야 한다.

투명성과 설명 가능성을 확보하는 것은 AI가 안전하고 신뢰할 만한 방향으로 발전하기 위해 반드시 해결해야 할 과제다. 모든 상황에서 완전한 설명 가능성을 실현하는 것은 현실적으로 어렵다. 이에 대한 대안으로 EU의 'AI 법(AI Act)'에서는 고위험 AI 시스템에 먼저 투명성과 설명 가능성의 법적 요구를 부과하고 있다. 이는 간단하게 해결될 수 있는 이슈가 아니며, 업계와 규제 기관은 지속적인 사회적 합의를 통해 책임 기준 수립, 표준화 등을 진행해야 할 필요가 있다.

참고문헌

방준성 외(2024). "안전하고 신뢰할 수 있는 AI 활용 국방가이드라인(연구보고서, 11-1290000-000985-01)". 국방부.

AI Competence Center(2024.11.5). Understanding XAI: SHAP, LIME, and other key techniques. https://aicompetence.org/understanding-xai-shap-lime-and-beyond/

Atzmueller, M. et al.(2024). Explainable and interpretable machine learning and data mining. *Data Mining and Knowledge Discovery, 38*, pp.2571~2595. doi: 10.1007/s10618-024-01041-y.

Carney, T.(2023). The automated welfare state: Challenges for socioeconomic rights of the marginalised. In Bednarz, Z. & Zalnieriute, M.(eds.). *Money, power, and AI: automated banks and automated states*, pp.95~115. Cambridge University Press. https://www.cambridge.org/core/books/money-power-and-ai/automated-welfare-state/C565A39AD674D8D773A4

C10AB47BC8AA

Engel, C. et al.(2025). Code is law: how COMPAS affects the way the judiciary handles the risk of recidivism. *Artificial Intelligence and Law, 33*, pp.383~404. doi: 10.1007/s10506-024-09389-8.

European Union(2019.4.8). Ethics guidelines for trustworthy AI. https://digital-strategy.ec.europa.eu/en/library/ethics-guidelines-trustworthy-ai

Hwang, H. et al.(2025). SHAP-based explanations are sensitive to feature representation. *Proceedings of the ACM Conference on Fairness, Accountability, and Transparency (FAccT)*, pp.1588~1601. doi: 10.1145/3715275.3732105.

Li, H. & Klabjan, D.(2025.2.16). Reverse prompt engineering. https://arxiv.org/abs/2411.06729

Liang, G. et al.(2025.5.27). Enhancing performance of explainable AI models with constrained concept refinement. https://arxiv.org/abs/2502.06775

Mathew, D. E. et al.(2025). Recent emerging techniques in explainable artificial intelligence to enhance the interpretable and understanding of AI models for human. *Neural Processing Letters, 57*(1), pp.1~30. doi: 10.1007/s11063-025-11732-2.

Mylly, U. M.(2023). Transparent AI? navigating between rules on trade secrets and access to information. *IIC – International Review of Intellectual Property and Competition Law, 54*, pp.1013~1043. https://doi.org/10.1007/s40319-023-01328-5

Nannini, L. et al.(2024). Operationalizing explainable artificial intelligence in the European Union regulatory ecosystem.

IEEE Intelligent Systems, 39(4), pp.37~48. doi: 10.1109/MIS.2024.3383155.

National Institute of Standards and Technology(2022). Towards a standard for identifying and managing bias in artificial intelligence. NIST Special Publication 1270. https://nvlpubs.nist.gov/nistpubs/SpecialPublications/NIST.SP.1270.pdf

National Institute of Standards and Technology(2023). Artificial intelligence risk management framework (AI RMF 1.0). NIST AI 100-1. https://nvlpubs.nist.gov/nistpubs/ai/NIST.AI.100-1.pdf

Naveed, H. et al.(2025). A comprehensive overview of large language models. *ACM Transactions on Intelligent Systems and Technology, 16*(5), pp.1~72. doi: 10.1145/3744746.

Personal Data Protection Commission Singapore(2020.5.17). Advisory guidelines on key concepts in the personal data protection act. https://www.pdpc.gov.sg/guidelines-and-consultation/2020/03/advisory-guidelines-on-key-concepts-in-the-personal-data-protection-act

Raiaan, M. A. K. et al.(2024). A review on large language models: architectures, applications, taxonomies, open issues and challenges. *IEEE Access, 12*, pp.26839~26874. doi: 10.1109/ACCESS.2024.3365742.

Ramachandram, D. et al.(2025.7.31). Transparent AI: the case for interpretability and explainability. https://arxiv.org/abs/2507.23535

Rogers, K. & Howard, A.(2023). Tempering transparency in human-robot interaction. *IEEE International Symposium on*

Ethics in Engineering, Science, and Technology (ETHICS), pp.1~7. doi: 10.1109/ETHICS57328.2023.10154942.

Rudin, C.(2019). Stop explaining black box machine learning models for high stakes decisions and use interpretable models instead. *Nature Machine Intelligence, 1*, pp.206~215. doi: 10.1038/s42256-019-0048-x.

Selbst, A. D. & Barocas, S.(2018). The intuitive appeal of explainable machines. *Fordham Law Review, 87*(3), pp.1085~1139. https://ir.lawnet.fordham.edu/flr/vol87/iss3/11

Simbeck, K.(2024). They shall be fair, transparent, and robust: auditing learning analytics systems. *AI and Ethics, 4*, pp.555~571. doi: 10.1007/s43681-023-00292-7.

Topol, E. J.(2019). High-performance medicine: the convergence of human and artificial intelligence. *Nature Medicine, 25*(1), pp.44~56. doi: 10.1038/s41591-018-0300-7.

White & Case(2024). Raft of California AI Legislation Adds to Growing Patchwork of US Regulation. https://www.whitecase.com/insight-alert/raft-california-ai-legislation-adds-growing-patchwork-us-regulation

04
초개인화의 편의성과 리스크

초개인화 기술은 인공지능의 발전과 함께 사용자의 행동, 취향, 심리적 패턴을 분석하여 맞춤형 서비스를 제공하는 방식으로 빠르게 진화하고 있다. 이러한 기술은 사용자 경험을 획기적으로 개선하고, 효율성을 극대화하는 장점을 지니지만, 동시에 개인정보 보호와 윤리적 문제를 발생시킬 위험이 있다.

청각장애인과 AI?

AI 초개인화의 양면성

AI 기반 초개인화(Hyper-personalization)는 데이터 기반 알고리즘이 개별 사용자의 행동, 맥락, 선호, 감정 등을 분석해 실시간으로 맞춤형 서비스를 제공하는 기술이다. 디지털 공간에서의 사용자 행위(검색 기록, 시청 패턴, 클릭 흐름, 생체 반응 등)를 포괄적으로 수집 · 분석하는 데이터 수집 체계, 딥러닝 기반의 추천 및 예측 모델과 강화 학습 알고리즘을 활용한 적응형 시스템, 텍스트 · 음성 · 표정 등 멀티모달 입력을 통합 처리하는 기술 등이 초개인화를 가능하게 만든 기술적 기반이다. 이는 군집화나 유형 분류를 넘어서, 개인 단위로 콘텐츠와 서비스 환경을 재구성하여 사용자 경험(UX: User eXperience)의 질을 향상시키고 플랫폼의 수익성과 충성도를 제고시킨다. 개인화 서비스 사례로, 넷플릭스(Netflix)는 사용자 시청 이력과 시청 중단 시점, 클릭 위치 등을 분석하여 개별 사용자에게 동일 콘텐츠에 대해 맞춤형 섬네일 이미지를 제공함으로써 클릭률을 높인다. 아마존(Amazon)은 구매 내역과 유사 사용자 군 데이터를 결합한 상품 추천 시스템을 운영한다. 틱톡(TikTok)은 시청 시간과 반응 기반 피드 알고리즘을 통해 몰입도를 극대화한다.

초개인화는 사용자 편의성과 플랫폼 경쟁력을 동시에 강화하지만, 그 이면에는 자율성 침해, 정보 편향, 사회적 통제 가능성 등 복합적 윤리 문제가 존재한다. 초개인화는 사용자의 기존 성향을 강화하는 방향으로 설계되어 정보 다양성을 해치고 정치적 · 사회적 양극화를 유발할 수 있다. 알고리즘이 제시한 옵션 중심으로 선택하게 되는 구조의 인터페이스 설계는 사용자가 자유롭게 선택하는 것처럼 보이지만 실제로는 자율성을 침식시킨다. 초개인화는 인간 중심 서비스를 향한 기술적 진보를 의미하면서도 동시에 개인의 자기결정권, 프라이버시, 다양성이라는 민주적 가치와 충돌할 가능성을 내포한다. 감정 기반 초개인화는 사용자의 심리적 취약성을 인식하고 이를 과도하게 활용함으로써, 불안 · 우울 · 중독 경향을 강화시키는 콘텐츠 추천을 유도할 수 있다. 서비스 설계 단계에서부터 '누구에게 어떤 기준으로 개인화할 것인가', '설명 가능성과 동의권을 어떻게 구현할 것인가' 등에 대한 윤리적 기준이 정립되어야 한다.

생성형 AI의 오용과 제도적 대응

생성형 인공지능(Generative AI)은 기존 데이터를 학습하여 입력에 따라 텍스트, 영상, 음성 등 새로운 출력을 생성할 수 있는 기술이다. 생성형 AI는 초개인화 서비스를 가능하게 한 핵심 기술이다. GPT-4, Gemini 등의 모델은 사용자 인터랙션에서의 맥락을 분석하여 개인의 선호도나 감정 등에 따라 정보를 생성하고 응답함으로써 다양한 분야에서 새로운 서비스를 창출하고 있다.

생성형 AI 사용에서의 대표적 위험 사례는 조작된 콘텐츠의 확산이다. 딥페이크(Deepfake)는 '딥러닝(Deep Learning)'과 '가짜(Fake)'의 합성어로, 인공지능 기술을 이용해 만들어 낸 조작된 영상, 음성, 이미지를 의미한다. 딥페이크는 주로 생성적 적대 신경망(GAN: Generative Adversarial Network)을 기반으로 한다. GAN은 두 개의 신경망이 서로 경쟁하며 학습하는 방식으로, 하나는 가짜 데이터를 생성하고 다른 하나는 이를 판별하는 역할을 한다. 이 과정을 통해 임의 대상의 음성 · 표정 · 행동을 모방하여 점점 더 정교한 가짜 콘텐츠가 만들어진다.

예를 들어, 2024년 미국 대선 과정에서 바이든 후보의 가짜 연설 영상이 SNS를 통해 확산되었고 이는 유권자의 투표 의향에 영향을 미쳤을 것이라 보고 있다. 이러한 정치적 선동형 딥페이크는 알고리즘 기반 확증 편향을 유도하여 민주주의 기반을 침식시킬 수 있다. 현재, 다양한 국가의 선거에서 딥페이크 선거 개입 사례를 다수 확인할 수 있다.

사회 · 문화적 영역에서 딥페이크에 의한 피해는 심각하다. 특히 국내외로 소셜미디어 프로필 사진을 활용한 '페이스 클론(Face Clone)' 범죄(프로필 합성 등)가 폭증하고 있다. 한국 경찰청에 따르면, 2024년에 허위 영상물과 딥페이크 성범죄 사건의 피의자 중에 10대가 80.3%를 차지했다고 한다. 이러한 수치는 해마다 증가하고 있기도 하다. 기술의 발전으로 청소년이 쉽게 범죄 가해자가 될 수 있는 상황이며, 이로 인해 직접적 피해뿐 아니라 사이버불링(Cyberbullying), 학교 폭력 등 학교 내 2차 피해를 경험하는 청소년의 수가 증가하게 된다.

경제적 손실도 급증하고 있다. 보이스피싱이란 전화나 문자 등 전기 통신을 이용해 금융 정보를 훔치거나 송금을 유도하는 금융 사기다. 2024년 상반기 보이스피싱 전체 피해 건수 · 액수가 역대 최대치이며 딥페이크/음성 합성 기술 사용이 급증하고 있다고 다수의 기관에서 보고되고 있다. 생성형 AI 기술에 의해 식별이 점점 더 어려워지고 있다. 보이스피싱의 2023년 피해액은 1965억 원으로 전년 대비 35.4% 증가했으며, 2024년 상반기에만 3242억 원의 피해가 발생했다고 한다. 1인당 평균 피해액이 1700만 원에 달해 전년 대비 1.5배나 증가했다. 20대 이하와 30대 피해가 각각 139억 원, 135억 원씩이나 증가했다.

생성형 AI 기술의 발전은 텍스트-투-비디오(Text-to-Video)를 가능하게 하여, 단일 프롬프트만으로 특정 인물의 조작된 영상을 생성할 수 있는 수준에 이르렀다. 이러한 기술 오남용은 가짜 뉴스의 대량 생산과 결합되며 신뢰 기반의 정보 생태계를 훼손한다. 가짜 뉴스는 의도성에 따라 두 축으로 분류된다. 거짓 정보(Misinformation)는 잘못된 정보를 사실로 오인하여 비의도적으로 확산하는 행위이며, 허위 정보(Disinformation)는 특정 목적을 위해 고의로 조작된 정보를 유포하는 것이다. 딥페이크는 후자의 도구로 악용되며, 2024년 우크라이나 사례에서 러시아가 젤렌스키 대통령의 항복 연설 영상을 조작해 유포한 것이 대표적이다. 이러한 영상은 SNS에서 '알고리즘 증폭 효과'로 상승 작용을 일으키기 때문에 사회적 피해가 더 크다.

초개인화와 결합된 생성형 AI는 사용자의 행동, 감정, 건강, 소비 이력을 기반으로 한 정교한 프로파일링을 통해 정보 노출을 선택적으로 조정하고, 사용자의 결정권을 구조적으로 침식할 수 있다. 이는 개인정보 수집에 불안을 느끼면서도 편의를 위해 데이터를 제공하고 있는 현실에서 우리가 인지하지 못한 채 AI 추천을 따르는 방식으로 습관화될 수 있기도 하다.

이에 대응해 다양한 기술적 · 제도적 조치가 도입되고 있다. UC 리버사이드(Riverside)의 표현 조작 감지(EMD: Expression Manipulation Detection) 프레임워크는 눈동자 반사 패턴과 미세 표정의 불일치를 활용해 고도화된 딥페이크 탐지를 시도하고 있으며, 유럽연합(EU)은 생성형 AI 출력물에 대해 디지털 워터마킹 등 기술적 표지 삽입을 의무화(EU AI Act Article 50, Recital 133)했다. 2024년에 구글 딥마인드(Google DeepMind)가 공개한 SynthID는 텍스트, 이미지, 오디오, 비디오에 디지털 워터마크를 비가시적으로 삽입하는 기술이다.

생성형 AI를 활용한 초개인화 기술은 정보 생산과 서비스 제공의 효율성을 혁신적으로 개선하면서도, 민주주의, 사생활, 정보 신뢰성이라는 사회의 핵심 가치를 위협하는 이중적 성격을 지닌다. 이러한 위험은 기술적 해결만으로는 완화되기 어렵기 때문에, 제도적 보완과 더불어 시민 사회의 정보 문해력 강화, 교육과 인식 제고, 글로벌 협력 기반의 대응 체계가 병행되어야 한다.

제도적 한계와 사회적 과제

생성형 AI 기반 초개인화 기술의 급속한 확산은 기술의 사회적 수용성과 규제 체계 사이의 간극을 드러나게 한다. 특히 초개인화가 감정 · 행동 · 선호 등 민감한 데이터를 실시간으로 활용하는 특성상, 기존의 개인정보보호법과 알고리즘 투명성 기준만으로는 이를 효과적으로 관리하기 어려운 구조적 한계가 존재한다.

첫째, 생성형 AI 기술 발전 속도가 너무 빨라서 현행 법제에서 기술적 특성을 포괄한 안을 제안하기 쉽지 않다. 법안 초안 작성, 토론, 통과에 소요되는 시간 동안 기술은 이미 몇 단계 더 진보하여, 필요한 규제가 제때 이루어지지 않을 수 있다. 2023년 이탈리아 데이터보호청(GPDP)은 OpenAI의 ChatGPT 서비스에 대해 GDPR상의 목적 제한 원칙(Article 5) 위반을 이유로 일시적 차단 결정을 내렸는데, 이는 규제 체계가 기술의 운영 방식을 미처 포괄하지 못한 대표 사례로 지목된다. 또한 인터넷으로 연결된 생성형 AI 서비스에 대해 각국의 법적 대응 또한 달라서 다양한 경로를 통한 피해를 모두 방어하기 쉽지 않다. 2023년에 미국은 연방 차원의 AI · 프라이버시 제도 도입이 지체되어서 캘리포니아, 텍사스, 콜로라도, 델라웨어, 아이오와 등 주별 프라이버시법이 제각각

시행되기도 했다. 이는 글로벌 규제 공동체 형성과 표준화에 장애로 작용한다.

둘째, 실효성 있는 감시와 집행 수단의 부족도 문제다. 투명성과 설명 가능성의 시스템적 구현을 위한 기술 수준이 높지 않아, 아직 생성형 AI는 블랙박스화된 알고리즘 구조를 가지며 민감한 개인 데이터를 내포하기도 하는 탓에 외부 감사와 감시가 제한된다.

셋째, 사회적 합의 부족과 거버넌스 결핍도 생성형 AI 기술이 활용된 초개인화 서비스에서의 리스크를 증폭시킨다. 시민 참여와 자율 규칙 수립이 미흡할 경우 AI 거버넌스에 대한 사회적 신뢰가 저하될 수 있다. 초개인화 실패 시 사용자 반감 및 공공 신뢰 손실 발생의 위험이 존재한다.

이러한 한계를 극복하기 위해서는 기술적, 정책적, 사회적으로 다양한 관점에서 이를 바라보고 발생 가능한 리스크를 찾아 이에 대응해야 한다. 기술적으로는 설명 가능한 AI(Explainable AI), 연합 학습(Federated Learning), 차등 프라이버시(Differential Privacy) 등의 프라이버시 강화 기술(PETs: Privacy-Enhancing Technologies)의 적극적 도입이 필요하다. 이러한 기술은 사용자 데이터를 보호하면서도 초개인화 서비스를 가능하게 할 수 있다는 기대감으로 글로벌 AI 기업들의 관심이 많다.

정책적 차원에서도 사회적 대응 프레임에 대한 논의가 필요하다. AI 영향 평가(Impact Assessment) 의무화, 사후 감시 체계 도입이 국제 표준 및 국가 정책보고서에서 반복 제안되고 있다. 사용자 · 시민의 디지털 정보 문해력(디지털 리터러시) 강화, AI 정책 참여 · 감시의 시민 거버넌스화, 기술 기업의 사회적 책임 보고 의무화 등도 AI 윤리 · 정책 논의의 핵심으로 다루어지고 있다. 이러한 노력은 AI가 사회적 신뢰를 기반으로 활용될 수 있게 하는 기반이 될 것이다.

참고문헌

방준성(2023). “커스터마이즈된 콘텐츠: AI와 함께하는 초개인화 혁명”. 이규연 외 편. 《시그널 코리아 2024》, 237~264쪽. 광문각출판미디어.

방준성(2024). “AI로 강화한 사이버 리질리언스”. 이규연 외 편. 《시그널 코리아 2025》, 247~272쪽. 광문각출판미디어.

방준성·이상민(2024). “인공지능 기반 학습자 맞춤형 교육을 위한 형평성과 편향성 연구”. 《멀티미디어 언어교육》, 27(4), 70~86쪽. doi: 10.15702/mall.2024.27.4.70.

안성원(2022.7.25). “인공지능의 악용 사례, 딥페이크 기술과 과제”. 《월간 SW중심사회》.

한국인터넷진흥원(2024). 《2024 개인정보 이슈 심층 분석 보고서 – 인공지능(AI) 시대 안전한 개인정보 활용》.

한국인터넷진흥원(KISA), Privacy Report, 1.

한국정보통신보안윤리학회(2020). 《인공지능 환경의 프라이버시 보호 방안 연구》. 한국인터넷진흥원(KISA), 최종연구보고서, KISA-WP-2020-0017.

Fazelnia, M. et al.(2023). Supporting artificial intelligence/machine learning security workers through an adversarial techniques, tools, and common knowledge framework. *IEEE Security & Privacy, 21*(1), pp.37~48. doi: 10.1109/MSEC.2022.3221058.

Gupta, M. et al.(2023). From ChatGPT to ThreatGPT: impact of generative AI in cybersecurity and privacy. *IEEE Access, 11*, pp.80218~80245. doi: 10.1109/ACCESS.2023.3300381.

Lin, X. et al.(2023). Heterogeneous differential-private federated learning: trading privacy for utility truthfully. *IEEE Transactions on Dependable and Secure Computing, 20*(6), pp.5113~5129. doi: 10.1109/TDSC.2023.3241057.

Rijsbosch, B. et al.(2025.6.3). Adoption of watermarking measures for AI-generated content and implications under the EU AI Act. https://arxiv.org/abs/2503.18156

05
인간과 인공지능의 공존

인간과 인공지능의 협업은 산업 전반의 혁신과 효율성을 증대시키는 동시에, 안전 문제와 윤리적 도전에 직면해 있다. 수술 로봇, 제조업 현장, 금융 상담 등 다양한 분야에서 인공지능의 의사결정 지원과 인간의 최종 판단이 결합되어 새로운 작업 환경을 만들어 내고 있으나, 기계의 예측 불가능한 움직임이나 정서적 상호 작용에서 발생하는 리스크 등이 문제로 제기되고 있다.

AI 콘텐츠 크리에이터?

맥락 이해형 AI로의 진화

인간과 인공지능(AI)의 공존을 논의하기 위해 핵심적으로 고려되어야 하는 것은 AI가 인간 사회의 복합적인 상황과 맥락을 얼마나 깊이 이해하고 적절하게 반응할 수 있느냐는 점일 것이다. 아직 완전하지는 않지만 AI 기술은 단순한 정보 처리에서 벗어나, 언어, 영상, 음성, 공간 등의 정보를 통합적으로 처리하여 인간과 상호작용하고 있다. 멀티모달 인식, 3D 공간 이해, 추론 등의 기술은 AI가 '맥락 인지형 지능체(Context-aware Intelligence)'로 진화하는 데 기반이 되고 있다.

OpenAI는 2024년에 GPT-4o를 출시하였는데, 텍스트, 이미지, 음성 입력을 동시에 처리하며 실시간 대화가 가능한 최초의 멀티모달 모델 중 하나였다. 사용자의 음성과 카메라에서 입력되는 영상 정보를 통합하고 상황과 맥락을 분석하여 감정에도 반응하는 기능을 선보이며 인간과 기계 간 커뮤니케이션의 자연스러움을 한층 높였다. Microsoft가 개발한 LLaVA(Large Language and Vision Assistant)는 언어와 시각 정보를 통합하여 이미지 기반의 질의응답(VQA: Visual Question Answering)을 가능하게 한다. 시각과 언어의 통합은 AI가 인간의 의도를 더 정확하게 이해하고 설명할 수 있는 기반이 되고 있다.

3차원 공간 이해 기술도 인간과 AI 사이의 자연스러운 인터랙션에 중요한 기술이다. '3D 공간 스캐닝'을 위한 가우시안 스플래팅(Gaussian Splatting)은 일반적인 RGB 영상으로부터 고품질의 3D 공간을 재구성할 수 있는 기술로, 이는 인간의 공간 지각 능력을 보완하는 데 사용될 수 있다. 3D 공간 재구성 기술과 에이전틱 AI(Agentic AI) 기술이 결합되어 더 개인화된 정보를 제공하는 서비스가 출시될 것을 기대해 볼 수 있다.

피지컬 AI(Physical AI)와 같은 물리적 인터랙션 능력도 공존의 방식에 영향을 줄 것이다. 피지컬 AI는 언어, 시각, 행동 등 정보를 통합 처리하고 센서와 모터 등의 기계 장치를 사용하여 인간과 인간이 존재하는 실제 공간에서 실시간 반응을 가능하게 한다. 이를 통해, 인간과 AI의 공존을 물리 세계에서 인터랙션이 가능하도록 하여 새로운 차원으로 끌어올리고 있다.

이러한 사례들은 AI가 점점 더 인간과 같은 지각, 판단, 감정과 반응을 모방해가고 있음을 보여준다. 공존은 단순히 물리적으로 동시에 존재하는 것을 넘어서, 서로의 상황을 이해하고 자율적으로 반응하는 상호작용이 가능할 때 다시 논의될 것이라 보며, 그러한 방향에서 기술적 토대를 마련하기 위해 기술 발전이 진행될 것이다.

사회·문화적 특성과 공존 가능성

인공지능이 인간 사회에서 공존하려면, 기술적 성능뿐 아니라 그것이 적용되는 사회 · 문화적 맥락에 대한 민감성과 존중이 필수적이다. AI 기술은 본질적으로 인간 사회를 위한 것이어야 한다. 그런데 그 기술이 작동하는 방식, 결과, 수용 과정은 각 사회의 문화적 규범, 가치관, 제도, 심리적 수용성에 따라 매우 다르게 나타날 수 있다.

예를 들어, 미국과 서유럽과 같은 개인주의 성향이 강한 사회에서는 AI의 자동화 기능이나 판단 기능이 인간의 자율성과 선택권을 침해하는 것으로 받아들여지는 경향이 있다. 반면에 중국, 인도 등 집단주의 성향이 강한 사회에서는 AI의 조언이나 제안이 공동체의 이익에 부합한다고 인식될 경우에 상대적으로 더 높은 수용성을 보이는 것으로 나타났다. 2024년에 발표된 다수의 연구들에서 문화차가 AI 의사결정 신뢰와 수용에 유의미한 영향을 주는데 집단주의 성향이 강한 국가일수록 AI 조언의 신뢰와 순응도가 높다고 보고되었다.

사회 · 문화적 성향 차이는 사용자 인터페이스 설계에도 영향을 준다. 예컨대 일본의 대화형 AI 로봇 '페퍼

(Pepper)'는 감정 인식 기능과 함께 인간다운 표정과 제스처를 강조하며 '정서적 거리'를 줄이는 방향으로 설계되었고, 실제로 고령자 돌봄 서비스나 상점 안내 역할에서 폭넓게 사용되었다. 그런데 미국에서는 페퍼의 그 기술이 사용자의 프라이버시 침해나 조작 가능성에 대한 우려로 이어져서 상업적 확산은 제한적이었다. 이는 동일 기술이더라도 문화적 수용성의 차이에 따라 공존 방식과 성공 가능성이 달라질 수 있음을 보여주는 사례다.

언어와 문화에 맞는 AI 개발이 이뤄지지 않을 경우에 정보 비대칭성과 디지털 소외 현상이 심화될 수 있다. 대규모 언어 모델(LLM) 개발에 사용된 방대한 데이터 세트의 상당 부분이 영어 기반 자료이기 때문에, 영어권 국가들의 문화와 가치가 내재될 수 있다. UNESCO는 2024년 아프리카 지역의 15개국과 협력하여 각국의 언어와 문화적 맥락을 반영한 대규모 언어 모델을 개발하는 프로젝트를 추진하였고, 이를 통해 지역 언어, 가치, 전통 지식 등을 반영한 LLM을 개발하려고 하였다. 이러한 접근은 단지 '포용성'이라는 윤리적 명제를 넘어서, 실제 공공 정책, 교육, 보건, 행정 등 다양한 영역에서 사회적 효용성과 효과성을 높이는 기반이 된다.

인간과 AI의 공존은 각 사회가 중요하게 여기는 가치

와 문화를 얼마나 정교하게 반영하고 통합하느냐가 중요하다. 우리는 이제 AI가 단지 도구가 아니라, 사회 문화적 관계망 속에서 재구성되는 주체로 등장하는 시대를 맞이하고 있다.

인간과 AI의 협력을 위한 신뢰와 안전

인간과 AI의 공존의 미래를 두고, 인간과 AI가 협업하는 사회가 빠르게 현실화 되고 있다. 법률 분석, 의료 진단, 공공 행정, 디자인 설계, 연구 지원 등 다양한 영역에서 인간-AI 협업이 일상화되어 가고 있다. 이 협업을 통해 기술 수용성이 높아지고 진정한 의미의 공존으로 이어지기 위해서는, 인간이 AI를 신뢰할 수 있어야 하며 그 결과에 대한 책임과 안전이 보장되어야 한다. 최근에 특정 영역에서 AI가 실질적인 판단과 실행 주체로 기능하는 경우가 늘어나고 있기에, 신뢰와 안전을 중심으로 한 협업 설계 원칙이 중요해지고 있다.

신뢰와 안전은 협업을 위한 시스템의 작동 전체다. 2024년의 한 아카이브 논문에서는 인간-AI 협업에서 신뢰 형성을 위한 프로세스 프레임워크로 CHAI-T (Collaborative Human-AI Trust)를 제시하였다. 여기에서는 일관성(Consistency), 정보의 정직성(Honesty), 책임성(Accountability), 의도성(Intentionality), 투명성(Transparency)을 기준으로 인간이 신뢰를 학습해 간다고 설명한다. 예를 들어 의료 영역에서 IBM Watson은 진단 결정에서 모호한 확률 정보를 제공함으로써 오히려 의료진의 신뢰를 떨어뜨리는 사례가 있었고, 이는 AI의 설명 가능성과 결과 해석 가능성이 신뢰와 밀접히 연관되어 있음을 보여준다.

신뢰 형성과 더불어, 인간-AI 협업에서 책임성과 안전성 확보는 필수 요건이다. 특히, 자율주행 자동차나 자동화된 드론, AI 법률 조언 시스템 등 고위험 영역에서는 AI의 오작동, 편향, 부정확한 예측이 인명 피해나 사회적 손실로 이어질 수 있다. 이를 방지하기 위한 연구로 IEEE의 "윤리적으로 정렬된 설계(Ethically Aligned Design)" 프레임워크, NIST의 "AI 리스크 관리 프레임워크(AI Risk Management Framework 또는 NIST AI RMF)" 등이 있으며, AI 시스템 설계 · 운영 시 사전 위험 분석과 사후 대응 체계, 인간 개입권 보장을 요구하고 있다. 특히 EU의 "AI 법(AI Act)"에서는 고위험군 AI 시스템에 대해 투명한 기록과 책임 주체 명시를 의무화하고 있다.

실제 사례로, 영국 NHS(National Health Service)에서

AI 기반 영상 판독 시스템을 사용했었다. 초기에는 높은 정확도를 보여 의사 인력의 부담을 줄였다고 여겼는데, 특정 연령대와 피부색 그룹에서 오진율이 높게 나타나 사회적 비판이 제기되었다. 이후에 NHS는 AI 시스템의 학습 데이터 다양성 강화, 사전 테스트 기준 고도화, 인간 전문가의 최종 판독 의무화 등의 조치를 취함으로써 협업 시스템의 안전성과 신뢰성을 확보하려는 노력을 했다.

인간-AI 협업은 AI의 기술적 성능 외에 어떤 역할을 누구에게 어떻게 맡길 것인가라는 역할 조율의 문제도 고민해야 한다. AI가 일정 수준 이상으로 정확할 경우에 인간은 지나치게 AI에 의존할 수 있으며, 반대로 AI를 신뢰할 수 없다고 판단될 경우에 인간은 AI를 완전히 배제하는 일반적이지 않은 협업 패턴을 가질 수 있다. 그렇기 때문에, 신뢰를 쌓아가며 협업을 지속하기 위해 인간-AI 사이의 의사결정 과정의 공개와 책임의 공유가 필요할 수 있다. 다른 관점에서 인간-AI 협업의 성과가 AI의 성능 자체보다 인간이 얼마나 AI 시스템의 동작 원리를 이해하고 그 시스템 출력을 해석하여 적절히 사용할 수 있는가에 달려 있을 수 있음도 고려해야 한다.

생성형 AI 모델 또는 LLM 기반 AI 시스템과의 협업은 기존의 머신러닝 및 딥러닝 기반 AI 시스템과 다른 신뢰와 안전 문제를 발생시킨다. 구글 딥마인드의 2024년 연구에 따르면, LLM 기반 협업 시스템은 사용자(질문자)의 의도를 과잉 해석하거나 환각(Hallucination) 정보를 신뢰 있게 제공하는 경향이 있으며 이는 허위 정보에 기반한 협업 오류를 발생시킬 수 있다. 이러한 이유로 일부 기업과 정부 기관에서는 작업 과정에서의 점검이나 설명 요구 프로토콜을 설정하여 사용하려고 한다.

인간-AI 협업이 사회적으로 수용되고 제도화되기 위해서는 신뢰와 안전의 확보가 전제되어야 한다. AI는 아직 부분적으로 인간의 능력을 모방한 기계 장치이기 때문에, 인간과 함께 일하기 위해서는 AI 시스템 내에 높은 수준의 투명성, 설명 가능성 등이 구현되어야 하며 의사결정과 책임 체계도 정립되어야 한다. 미래 사회의 인간-AI 공존은 기술적 융합뿐 아니라, 법과 제도, 사회 · 문화적 가치 등을 전반적으로 고려한 토대 위에서 이루어져야 한다.

참고문헌

Afroogh, S. et al.(2024). Trust in AI: progress, challenges, and future directions. *Humanities and Social Sciences*

Communications, 11. doi: 10.1057/s41599-024-04044-8.
Arets, T. T. J. E. et al.(2025.6.12). The role of generative AI in facilitating social interactions: a scoping review. https://arxiv.org/abs/2506.10927
Canas, J. J.(2022). AI and ethics when human beings collaborate with AI agents. *Frontiers in Psychology, 13*, pp.1~9. doi: 10.3389/fpsyg.2022.836650.
Huang, L. et al.(2025). A Survey on hallucination in large language models: principles, taxonomy, challenges, and open questions. *ACM Transactions on Information Systems, 43*(2), pp.1~55. doi: 10.1145/3703155.
Kerbl, B. et al.(2023.8.8). 3D Gaussian splatting for real-time radiance field rendering. https://arxiv.org/abs/2308.04079
Liu, H. et al.(2023.12.10). Visual instruction tuning. *Proceedings of the 37th International Conference on Neural Information Processing Systems(NeurIPS)*, 1516, pp.34892~34916.
Martinetti, A. et al.(2021). Redefining Safety in Light of Human-Robot Interaction: A Critical Review of Current Standards and Regulations. *Frontiers in Chemical Engineering, 3*, pp.1~12. doi: 10.3389/fceng.2021.666237.
McGrath, M. J. et al.(2025). Collaborative human-AI trust (CHAI-T): A process framework for active management of trust in human-AI collaboration. *Computers in Human Behavior: Artificial Humans, 6.* doi: 10.1016/j.chbah.2025.100200.
National Institute of Standards and Technology(2023). Artificial intelligence risk management framework (AI RMF 1.0). NIST AI 100-1. https://nvlpubs.nist.gov/nistpubs/ai/NIST.AI.100-1.pdf

Papagiannidis, E. et al.(2025). Responsible artificial intelligence governance: A review and research framework. *The Journal of Strategic Information Systems, 34*(2). doi: 10.1016/j.jsis.2024.101885.

Sun, S. et al.(2025). Hallucinations of large multimodal models: Problem and countermeasures. *Information Fusion, 118*. doi: 10.1016/j.inffus.2025.102970.

Xu, K. et al.(2022). Deep mind in social responses to technologies: A new approach to explaining the Computers are Social Actors phenomena. *Computers in Human Behavior, 134*. doi: 10.1016/j.chb.2022.107321.

06
의사결정과 책임

인공지능의 의사결정은 복잡한 데이터 처리와 학습 과정을 거쳐 다양한 사회 · 기술적 요인을 반영한다. 이러한 복합성은 의사결정의 불투명성과 예측 불가능성을 야기하며, 그에 따른 책임 소재가 모호해지는 문제로 이어지게 된다. 게다가 의료, 자율 주행, 금융 등 고위험 분야에서 인공지능의 판단이 미치는 영향은 단일 주체에게 모든 책임을 부여하기 어려운 것이 현실이다.

AI와 민주주의?

인간-AI 협업에서의 의사결정

인간과 인공지능(AI) 협업 과정에서의 의사결정 체계는 기술 발전과 함께 더욱 복잡해졌다. 단순한 명령/질의-응답 구조를 넘어, 이제는 인간과 AI가 협력적 주체로서 의사결정을 나누는 시대가 열렸다. 아직은 작업 전반에서 인간이 주도하는 AI 시스템이 많지만, 에이전트 기술이 발전하는 만큼 AI가 일부 작업을 주도하고 인간에게는 의사결정만 물어보는 방식도 가능해지고 있다. 인간-AI 협업에서 핵심적으로 제기되는 문제는 "누가 결정하는가", "누가 결정 과정에 영향을 주는가", "그 결정의 경계는 어디까지인가", "그 결정으로 영향을 받을 대상은 누구인가" 등이 될 수 있다. 이러한 문제는 기술적 한계, 윤리적 가치 추구의 방향 등이 고려되어야 한다.

인간과 AI의 협업 방식은 AI가 판단에 대한 근거를 제공하고 인간이 최종 결정을 내리는 구조인 HITL(Human-in-the-loop), AI가 결정을 내리기는 하지만 인간이 감시자로서 개입 가능성을 유지하고 있는 구조인 HOTL(Human-on-the-loop), AI가 자율적으로 판단하여 결정하고 인간의 개입은 긴급 통제를 제외하고 대부분이 배제된 구조인 HOOTL(Human-out-of-the-loop)에 대해 생각해 볼 수 있다.

HITL 구조는 일반적으로 의료, 금융, 법률 등 고위험 영역에서 채택한다. 예를 들어 IBM의 '왓슨 포 온콜로지(Watson for Oncology)'는 환자의 의료 기록과 최신 의학 논문을 분석해 치료 옵션을 제안하지만, 최종 판단은 인간 의사가 내린다. 이 구조는 AI가 방대한 정보를 빠르게 처리하는 능력을 활용하면서도, 인간의 윤리적 판단과 경험적 통찰력을 결합할 수 있다는 점에서 의미가 깊다. 실제로 2019년 IEEE Spectrum은 왓슨의 사용 사례에서 환자 치료에 있어 AI의 제안이 환자의 복합적 상태를 고려하지 못한 채 단편적 판단을 내린 사례를 지적하며, 최종 판단 권한의 인간 귀속이 반드시 보장되어야 함을 강조했다.

자율주행 자동차와 같은 경우는 HOTL 또는 HOOTL 구조를 지향한다. Waymo, Tesla FSD와 같은 시스템은 도로 상황 분석, 경로 설정, 속도 조절 등 복잡한 의사결정을 AI가 수행하지만, 여전히 긴급 상황에서의 인간 개입은 전제로 한다. 하지만 2023년 웨이모(Waymo) 차량이 캘리포니아에서 횡단보도 무단 진입과 신호 위반 사고를 일으킨 사례에서 볼 수 있듯이, 인간이 제어에 즉시 개입하지 못하는 구조는 예상치 못한 법적, 윤리적 문제를 야기한다. AI 운행 의사결정 과정의 투명성과 책임 소재에 대한 논란이 불거지기도 했다.

이러한 구조들은 단순히 기술적 최적화 문제가 아니라 인간의 통제 권한, 책임성, 예측 가능성 등과 직결된다. 미국 철학자인 마이클 샌델(Michael J. Sandel)은 "공동체의 규범과 윤리는 의사결정 주체성과 밀접하다"고 했다. 이는 의사결정의 주체가 누구인가에 따라 윤리 기준이 달라질 수 있음을 시사한다.

최근의 생성형 AI 기술의 발전과 멀티모달 AI의 확산은 AI의 자율성을 더욱 고도화시키고 있다. OpenAI의 GPT-4o나 Anthropic의 Claude 3, Google의 Gemini와 같은 시스템은 단순한 답변 생성을 넘어서 목표 지향적 사고, 계획 수립, 다중 단계 추론을 수행하며, 인간의 의사결정 과정에서 점점 더 많은 역할을 담당하고 있다. 예를 들어, Amazon은 물류 센터 운영에서 물류 적재 순서, 물류 동선, 자동 분배를 거의 실시간으로 AI에 맡기고 있다.

이러한 인간-AI 협업에서의 의사결정 체계는 사회적 신뢰와 안전을 고려해야 한다. 인간-AI 협업 체계를 설계할 때, AI는 작업의 목적과 의사결정 환경의 특성을 고려할 수 있어야 하며, AI의 판단은 인간이 이해하고 수용할 수 있는 방식으로 설명 가능해야 하고, 인간과 AI의 판단 권한과 상호작용이 제도적으로 구분되어 권한 경계가 명확하게 설정되어야 한다.

이는 인간-AI 협업에서의 의사결정 구조를 기술적으로 구현하고 단순히 선택하는 문제가 아니라, 인간-AI 협업의 과정에서 인간이 어떤 역할을 유지할 것인가라는 본질적 질문과 직결된다. 인간-AI 의사결정 체계에서 기술은 인간을 보완하고 확장하는 방향이어야 하며 그 과정에서 인간의 존엄성과 통제권은 반드시 보장되어야 한다.

책임성과 책무성

인공지능 시스템의 책임성(Responsibility)과 책무성(Accountability)의 개념은 밀접하게 연관되어 있지만, 구별되는 특성을 가지고 있다. 책임성은 AI 시스템의 행동에 대한 도덕적 의무를 의미하는 반면, 책무성은 그 행동에 대해 설명하고 정당화할 수 있는 능력을 의미한다. EU 인공지능 법에서는 책임성(Responsibility)을 '결과에 대한 법적 귀속'으로, 책무성(Accountability)을 '과정의 역추적 가능성'으로 명확히 구분한다.

AI 시스템이 독자적으로 결정을 내릴 수 있는 상황이 늘어나면서, 전통적인 책임 귀속 방식과 AI 시스템에 대한 '책임성'에 대해 다시 살펴볼 때가 되었다. 1장에서도 언급했듯이 영국 오프퀄(Ofqual)에서는 2020년 코로나19로 인해 고등학교 졸업 시험이 취소되자, 학생들의 예상 등급을 결정하기 위해 알고리즘을 사용하였다. 이 알고리즘은 기존 학교 성적과 지역 평균 등을 기반으로 등급을 산출했지만, 결과적으로 많은 학생들이 실제 실력과 무관하게 불이익을 받았다. 이 사안은 정부와 알고리즘 설계 기관 모두가 명확한 책임 회피 구조를 갖고 있었기에, 누구도 전면에 나서지 않은 대표적 사례였다. 결국 정부는 학생 등급을 원래 교사 평가로 되돌렸으며, 이는 AI 결정의 책임 문제를 사회적으로 환기시킨 결정적 사건이 되었다. 이 사건을 통해 AI가 의사결정의 주체가 되어 공적 결정권을 가지게 될 경우의 사회적 영향과 위험성을 살펴봐야 하며, AI 시스템에 오류나 부정확한 판단이 발생했을 때, 특히 책임 회피의 구조가 설계상 존재하는지도 확인해야 한다. AI 시스템이 책임성 있는 주체로 설계되기 위해서는, 최소한 그 판단의 출처, 판단 기준, 판단 결과에 대한 귀속 구조가 사전에 명확히 정해져야 한다.

'책무성'의 핵심은 의사결정 과정에 대한 설명 가능성이다. 사용자가 AI의 판단을 신뢰하기 위해서는, 그 판단이 어떻게 도출되었는지 이해 가능해야 하며, 이 과정이 투명하게 기록되고 감시될 수 있어야 한다. 이를 위해 다양한 기술적, 제도적 장치가 요구된다. 예를 들어, EU의 AI Act(2024)에서는 고위험 AI 시스템에 대해 설명 가능성과 사용자의 정보 접근권, 이의 제기권을 법적으로 보장하고 있다.

의료 분야에서 미국 FDA는 2021년에 설명 가능한 AI(XAI: eXplainable AI) 기능이 결여된 의료 AI의 승인을 보류하거나 조건부 승인으로 제한하는 가이드라인을 발표하였다. 이는 시스템 성능 지표로서의 모델 정확도만으로는 충분하지 않으며, 해당 결정이 왜 그렇게 도출되었는지 사용자와 환자가 이해할 수 있어야 한다는 규범적 전환을 보여준다. 책무성 있는 AI 시스템은 단순히 잘 작동하는 시스템이 아니라 잘못 작동했을 때도 그 과정을 설명하고 정당한 비판을 수용할 수 있는 시스템이다.

다층적 책임 분배의 조건

AI 기술이 다양한 산업 분야에 도입되고 있다. AI가 일부 작업에 대해 자율적 판단을 가질 수 있는 주체가 되어감에 따라, 인간의 행위와 결과 사이의 직접적 인과관계에

근거한 책임 구조로는 AI와 연관된 결과에 대해 그 책임 귀속을 판단하기 어렵다. 현재의 AI 시스템은 설계자, 개발자, 운영자, 사용자, 규제 기관 등 다수의 이해 관계자가 상호작용하는 복합적 구조로 이루어져 있다. 그래서 책임 귀속 방식도 다층적이고 분산적인 방식으로 설계될 필요에 대해 논의가 되고 있다.

AI 시스템이 개발되어 운영되기까지 데이터 수집 · 정제, 모델 학습, 알고리즘 개발, 시스템 운영 등 다양한 기술적 기여가 필요하다. 그렇기 때문에 오류나 편향이 발생했을 때 책임을 특정한 한 주체에게 전가하기는 어렵다. 예를 들어, 자동화된 채용 시스템에서 성별 편향이 발생했다면 이는 알고리즘 자체의 구조, 훈련 데이터의 편향, 시스템 적용 방식, 사용자의 최종 판단 등 다양한 요인이 복합적으로 작용한 결과일 수 있다. NIST의 AI 위험 관리 프레임워크(AI RMF 1.0)에서는 AI 시스템 전 주기에서 이해 관계자별 책임 명확화와 위험 기반 귀속 방식을 제안하였다.

만약에, AI 법률 자문 에이전트가 사용자에게 잘못된 조언을 제공했고 이를 신뢰한 사용자가 금전적 피해를 입게 되었을 때 이는 복합적 요인에 의한 결과로 하나의 주체에 모든 책임을 전가하는 것에 부담이 있다. 모델 개발자는 부정확하거나 편향된 데이터를 학습시켰을 수 있고, 플랫폼 운영자는 AI 시스템 사용의 한계에 대한 경고와 법적 효력에 대한 설명을 고지하지 않았을 수 있으며, 사용자는 AI의 조언을 검토 없이 오인하여 실행한 과실이 있을 수 있다. 인간-AI의 상호작용 전체 과정에 책임 귀속의 여지가 있으며, 단일 책임 주체가 아닌 다수 주체의 상호 책무성을 전제로 한 시스템 설계가 필요하다.

책임 분배를 위한 다층적 책임 구조를 설계하기 위해서는 각 주체의 개입 지점, 권한 수준, 의사결정 범위 등을 정의해야하고, 의사결정 경로를 추적하기 위해 데이터 입력부터 판단 출력까지의 과정을 기록하고 외부 감사나 사후 검토가 가능하도록 설계해야 한다. 또한, 주체가 갖는 정보 접근성, 설계 기여도, 통제 수준에 따라 책임을 차등 배분하도록 해야 하며, 사용자나 피해자가 책임 소재를 검토하고 시정할 수 있는 독립적인 절차도 마련되어야 할 것이다. 이러한 원칙들은 NIST AI RMF 등에서 이미 일부 반영되어 있다.

참고문헌

정영기(2021). "인공지능의 윤리: 책무성을 중심으로". 《인문과 예술》, 11, 295~313쪽. doi: 10.35442/hna.2021..11.295.

조성훈(2022). “인공지능의 설명 가능성: 책임 공백 문제와 설명을 요구할 권리를 중심으로”. 《IP & Data 法》, 2(1), 61~82쪽. doi: 10.23349/ipdata.2022.2.1.003.

BBC(2020.8.15). Why did the A-level algorithm say no?. https://www.bbc.com/news/education-53787203

Cobbe, J. et al.(2023.6.12). Understanding accountability in algorithmic supply chains. *Proceedings of the 2023 ACM Conference on Fairness, Accountability, and Transparency (FAccT)*, pp.1186~1197. doi: 10.1145/3593013.3594073.

Coeckelbergh, M.(2020). *AI Ethics*. MIT Press. https://mitpress.mit.edu/9780262538190/ai-ethics/

EU AI Act Compliance Checker. https://artificialintelligenceact.eu/assessment/eu-ai-act-compliance-checker/

EU AI Act Explorer. https://artificialintelligenceact.eu/ai-act-explorer/

Green, B.(2022). The flaws of policies requiring human oversight of government algorithms. *Computer Law & Security Review, 45*, 105681. doi: 10.1016/j.clsr.2022.105681.

Hildt, E.(2025). What is the role of explainability in medical artificial intelligence? A case-based approach. *Bioengineering, 12*(4), 375, pp.1~25. doi: 10.3390/bioengineering12040375.

Mylly, U. M.(2023). Transparent AI? navigating between rules on trade secrets and access to information. *IIC - International Review of Intellectual Property and Competition Law, 54*, pp.1013~1043. https://doi.org/10.1007/s40319-023-01328-5

National Institute of Standards and Technology(2023). Artificial intelligence risk management framework (AI RMF 1.0). NIST AI 100-1. https://nvlpubs.nist.gov/nistpubs/ai/NIST.AI.100-1.pdf

Raji, I. D. et al.(2020). Closing the AI accountability gap: defining an end-to-end framework for internal algorithmic auditing. *Proceedings of the Conference on Fairness, Accountability, and Transparency (FAccT)*, pp.33~44. doi: 10.1145/3351095.337287.

Rudin, C.(2019). Stop explaining black box machine learning models for high stakes decisions and use interpretable models instead. *Nature Machine Intelligence, 1*, pp.206~215. doi: 10.1038/s42256-019-0048-x.

Sadeghi, Z. et al.(2024). A review of explainable artificial intelligence in healthcare. *Computers and Electrical Engineering, 118*(A), 109370.

Simbeck, K.(2024). They shall be fair, transparent, and robust: auditing learning analytics systems. *AI and Ethics, 4*, pp.555~571. doi: 10.1007/s43681-023-00292-7.

Sio, F. S. d. & Mecacci, G.(2021). Four responsibility gaps with artificial intelligence: why they matter and how to address them. *Philosophy & Technology, 34*, pp.1057~1084. doi: 10.1007/s13347-021-00450-x.

Strickland, E.(2019). IBM Watson, heal thyself: How IBM overpromised and underdelivered on AI health care. *IEEE Spectrum, 56*(4), pp.24~31. doi: 10.1109/MSPEC.2019.8678513.

U.S. FDA(2021). Artificial Intelligence/Machine Learning (AI/ML)-Based Software as a Medical Device Action Plan. https://www.fda.gov/media/145022/download

07
사회적 가치와 다양성

인공지능이 인간의 복잡한 가치 체계를 구현하고 사회 전반의 다양성을 반영하도록 하는 것은 중요하다. 인공지능 시스템이 인간 가치와 문화적 특성을 제대로 이해하지 못하면, 특정 문화권에 편향된 판단이나 불이익이 발생할 수 있어 안전성과 공정성에 심각한 위협이 될 수 있다.

AI와 애니메이션?

가치 판단의 알고리즘화

인공지능(AI)이 인간의 판단을 대체하거나 보조하는 시대가 도래하면서 인간 사회의 핵심적인 가치를 기술적으로 형식화하고 자동화할 수 있는가에 대한 질문이 점점 더 중요해지고 있다. 인간 사회의 판단은 단순한 데이터 처리나 논리 연산만으로 환원될 수 없는 복합적인 구조를 가진다. 공정성, 존엄성, 생명권, 자율성, 연대와 같은 가치는 시대와 문화, 맥락에 따라 다르게 해석되며, 인간의 경험과 상호작용 속에서 형성된다.

가치 판단의 알고리즘화란 인간이 수행하던 윤리적·사회적 판단을 기계가 수행할 수 있도록 수학적, 논리적, 통계적 방법을 통해 형식화하는 것을 의미한다. 이 과정은 단순한 기술적 문제를 넘어서 철학적이고 규범적인 판단 기준을 코드로 번역하는 작업이다. 인공지능 시스템이 인간의 복잡한 가치 체계를 구현하기 위해서는 인간의 복잡하고 때로는 모호한 가치 체계를 기계가 이해하고 실행할 수 있는 형태로 '계산 가능한 변환(Computable Translation)'과 사회·문화적 맥락의 정량적 해석이라는 이중 과제를 해결해야 한다.

인간 가치의 알고리즘화를 위해서는 먼저 윤리적 원칙의 계산 가능성 조건을 보여야 한다. 즉, 인간 존엄성, 공정성, 투명성 등의 원칙을 알고리즘으로 구현하려면 먼저 추상적 개념을 수학적 표현으로 변환해야 한다. IBM의 AI Fairness 360 툴키트는 공정성을 70개 이상의 정량적 지표(통계적 패리티 차이, 불균등 영향력 등)로 분해하여 측정 가능한 형태로 재구성했다. 의료 윤리 결정 지원 시스템 개발 사례에서는 생명 윤리 4원칙(자율성, 선행, 악행 금지, 정의)을 퍼지 인지 지도(fuzzy cognitive maps)로 모델링했다. 환자 자율성 존중 여부를 0~1 사이의 연속값으로 표현하고, 치료 거부 시 발생할 수 있는 결과를 다차원 벡터 공간에 투영함으로써 윤리적 딜레마를 수치화했다. 이 시스템은 임상 사례 1200건을 학습한 후 의료진의 윤리적 판단과 89.7% 일치율을 보였다.

기술적 접근에서는 OpenAI와 같은 기관이 채택한 '강화 학습 기반 인간 피드백(RLHF: Reinforcement Learning from Human Feedback)' 방식이 있다. 이 방법은 인간이 AI의 응답을 평가하고, 바람직한 방향으로 보정하는 방식으로 AI의 응답을 윤리적으로 조정한다. 그러나 RLHF는 피드백을 제공하는 사람들의 가치관이나 문화적 편향이 고스란히 반영될 수 있다는 한계도 내포한다. 이러한 문제를 보완하기 위해 등장한 것이 바로 앤트로픽(Anthropic)의 '헌법적 AI(Constitutional AI)'다.

이 접근은 윤리 원칙을 사전에 정의하고, AI가 인간 피드백 없이도 해당 원칙을 스스로 참조해 판단을 내리도록 설계되었다. 예를 들어 피해 최소화, 인간 존엄성 존중, 공정한 대우 등의 가치 기준이 학습 프레임워크에 명시적으로 주입된다. 이러한 방식은 기술이 단지 인간의 도구를 넘어서 스스로 규범을 내면화하는 방식으로 작동할 수 있는 가능성을 제시한다.

또 다른 의미 있는 연구 흐름은 기술이 사회에 미치는 영향을 사전에 분석하고, 해당 기술이 영향을 미치는 이해 관계자와의 상호작용을 통해 사회적 가치를 기술 설계에 통합하는 방식이다. 예컨대, 교육 알고리즘을 설계할 때 단순히 성적 향상이 아니라 학습자의 다양성, 접근성, 사생활 보호와 같은 가치가 함께 고려되어야 한다. 이는 기술 설계에서 윤리적 사유가 단지 사후 평가가 아닌, 선제적이고 통합적인 기준으로 작동해야 함을 보여준다.

AI 시스템이 인간의 가치와 일치하도록 만드는 것은 AI의 안전한 발전을 위해 필수적이다. 2024년 세계경제포럼의 보고서에 따르면, AI 가치 정렬은 AI 시스템이 공유된 인간 가치와 윤리적 원칙에 따라 행동하도록 보장하는 것을 목표로 하고 있다.

가치 판단의 알고리즘화는 기술과 철학, 정책과 심리

학이 교차하는 융합적 영역이다. 이 과정은 단순히 AI를 정교하게 만드는 것을 넘어, 인간 사회가 중요시하는 가치를 어떤 방식으로 지속 가능하게 기술에 반영할 수 있을지를 묻는 질문이기도 하다. 앞으로의 AI는 더 정교한 데이터 분석 능력만으로는 부족하다. 사회적으로 신뢰할 수 있는 판단을 내리기 위해서는, 인간 중심의 가치와 그 맥락을 이해하고 반영하는 설계 철학이 필수적이다. 가치 판단의 알고리즘화는 이러한 철학과 기술의 접점을 설계하고 실현해 나가는 데서 가장 중요한 논의 중 하나가 될 것이다.

문화 다양성과 가치 충돌

오늘날 인공지능은 단지 데이터를 분석하거나 패턴을 예측하는 기술을 넘어, 인간 사회의 다양한 문화적 맥락 속에서 상호작용하고 판단하는 존재로 진화하고 있다. 이때 핵심적으로 등장하는 문제가 바로 '문화 다양성(Cultural Diversity)'과 그에 따른 '가치 충돌(Value Conflict)'이다. 문화 다양성은 인류가 각기 다른 역사, 종교, 언어, 삶의 방식 속에서 발전시켜온 가치 체계와 의미 해석의 차이를 의미한다. 이러한 차이는 단지 관습의 차원을 넘어서 인간의 존엄, 정의, 자유, 책임 등 핵심적인 가치 판단 기준에까지 영향을 미친다.

문화 다양성이 가치 판단에 미치는 영향은 다층적이다. 예를 들어, 개인주의와 집단주의는 동일한 상황에서 정반대의 윤리적 결정을 가능하게 한다. 서구 사회에서 자율성과 개인 선택의 권리는 최우선의 가치로 여겨지지만, 동아시아 문화권에서는 공동체 조화와 상호 의무가 더 중요한 판단 기준이 될 수 있다. '프라이버시'라는 가치는 문화와 개인에 따라 다르게 해석될 수 있다. 일부 국가에서는 개인 프라이버시를 중시하지만, 다른 국가에서는 집단적 안전을 개인 데이터 보호보다 우선시할 수 있다. 이러한 문화적 기준의 차이는 글로벌 환경에서 AI가 윤리적 판단을 내릴 때 일관된 기준을 설정하는 것을 어렵게 만든다. 예컨대, AI가 온라인 플랫폼에서 혐오 발언을 필터링할 때, 어떤 발언은 서구에서는 표현의 자유로 간주되지만 다른 문화권에서는 명예훼손이나 혐오로 간주될 수 있다. 이러한 문화적 상대성은 AI의 윤리적 설계에서 단일한 기준이 아니라 다층적이고 맥락 감응적인 기준이 필요함을 보여준다.

문화 다양성에 따른 가치 충돌은 다양한 사례에서 관찰된다. 대표적인 사례로는 콘텐츠 추천 알고리즘에서의 문화 편향 문제가 있다. Netflix, YouTube, TikTok 등 글로벌 플랫폼에서 사용되는 추천 시스템은 주로 북미 중심의 가치와 취향을 반영하여 콘텐츠를 분배하고 소비를 유도하는 경향이 있다. 이는 아프리카, 아시아, 중동 등의 지역 사용자들이 자국의 문화적 정체성을 반영한 콘텐츠에 접근하는 데 소외감을 느끼게 하며, 문화적 종속성을 강화시킬 수 있다.

문화 다양성에 따른 가치 충돌이 발생했을 때 어떤 기준에 따라 판단을 내려야 하는가에 대해서는 여전히 활발한 논의가 진행 중이다. 유네스코는 AI 설계와 운영에서 지역적 문화의 자율성과 표현권을 존중하는 것을 국제 기준으로 삼을 것을 권고하고 있다.

문화적 다양성 고려를 위해 인공지능 학습에 사용되는 데이터 세트의 다양성을 확보할 수 있다. 그러나 많은 AI 학습 데이터 세트가 영어 또는 서구 중심적 관점에 치우쳐 있어, 소수 언어와 문화를 대표하는 데 한계가 있다. 2024년 연구에 따르면, 다양한 문화권의 데이터로 인공지능 모델을 학습시키면 문화적 편향을 일부 줄일 수 있다고 한다. 그러나 인공지능은 인간과 달리 실제 경험과 감정적 지능이 부족하여 문화적 뉘앙스를 완전히 이해하기 어렵다. 그래서 아직 관용구나 문화 특정적 은유의 해석에 어려움을 겪을 수밖에 없다. OpenAI의

GPT 모델들을 대상으로 한 연구에서, 인공지능의 문화적 정렬을 개선하기 위해 특정 문화적 정체성을 프롬프트에 명시하는 것도 효과적이었다고 한다.

변화하는 가치에 대한 정렬 기준

사회적 가치는 고정된 기준이 아니라 시대적 맥락과 공간적 배경, 기술과 제도의 변화에 따라 유동적으로 구성되는 개념이다. 인간 사회는 다양한 가치들을 지속적으로 협상하며 새롭게 재정렬한다. 특히 기술 시스템이 인간의 판단을 대체하거나 보조하게 되는 시대에는, 어떤 가치가 우선되어야 하고, 그것이 어떤 방식으로 정렬될 수 있는지를 결정하는 문제가 더욱 중요해진다. 이러한 문제의식을 중심으로 등장한 개념이 바로 '가치 정렬(Value Alignment)'이다. 이는 인공지능이나 기술 시스템이 인간 사회의 변화하는 가치 체계에 따라 합리적으로 조율될 수 있는지, 그리고 그 판단 기준이 어떻게 설계되고 구현될 수 있는지를 탐색하는 철학적이면서도 기술적인 접근이다.

가치 정렬은 단일한 윤리 원칙을 일관되게 적용하는 것이 아니라 변화하는 사회 규범과 제도, 문화에 따라 조정 가능한 다층적 가치 구조를 설계하는 작업이다. 시계

열적 가치 전이에 대한 연구들에서 기술 시스템이 적용되는 환경이 바뀌면서 윤리적 기준도 변화한다는 점을 강조하며, 초기에는 효율성과 생산성이 중요했던 기술이 시간이 지나면서 프라이버시나 안전성, 환경적 책임 등 새로운 가치들을 고려하게 되는 과정을 설명한다. 이처럼 가치 정렬은 고정된 윤리 기준이 아니라, 사회적 요청과 제도 변화에 따라 유동적으로 재구성되는 구조를 갖는다.

시간적 변화에 따른 가치 정렬의 대표적인 사례로는 미디어 콘텐츠 검열 알고리즘을 들 수 있다. 예전에는 폭력성과 성적 표현을 중심으로 콘텐츠를 차단했지만, 최근에는 정신 건강, 성소수자 표현, 사회적 포용성(Inclusiveness) 같은 가치가 새롭게 고려되기 시작했다. YouTube나 TikTok은 최근 몇 년간 '사회적 해악'에 대한 새로운 정의를 반영하여 알고리즘을 수정하고 있으며, 이는 콘텐츠 필터링이 단순히 법적 기준을 따르는 것을 넘어서, 가치 정렬이 실시간으로 반영되는 복잡한 체계임을 보여준다.

공간적 맥락 역시 가치 정렬에 중요한 영향을 미친다. 예를 들어, AI 기반 보안 시스템이 유럽에서는 개인정보보호법(GDPR)에 따라 매우 엄격하게 설계되어야 하지만, 싱가포르나 아랍에미리트에서는 공공 안전과 치안 유지의 가치가 더 우선시되는 방식으로 구현된다. 이러한 국가 간 가치 우선순위의 차이는 동일한 기술이라 하더라도 정책적 구현과 시스템 설계에서 완전히 다른 형태를 갖게 만든다. 실제로, AlgorithmWatch와 AI Now Institute 등은 국제적으로 사용되는 AI 시스템들이 각 지역 법률과 윤리 기준에 따라 어떻게 조정되고 있는지를 모니터링하고 있으며, 그 결과는 기술 수출, 플랫폼 설계, 글로벌 표준 개발에까지 영향을 미치고 있다.

철학적 관점에서, 변화하는 가치 정렬은 이상적인 규범(Normative Ideals)과 실제 행위자의 판단(Descriptive Practices) 사이의 간극을 줄이는 시도로도 이해될 수 있다. AI 시스템이 완전한 도덕 행위자는 아니지만, 윤리적 가치 정렬을 통해 사회적 조화와 제도적 일관성을 도모할 수 있도록 연구가 진행되고 있다. 기술이 인간 사회의 변화하는 가치와 지속적으로 상호작용하며 진화해야 한다는 점에서, 사후적 조율뿐 아니라 선제적이고 진화적인 설계가 필요하다.

가치 정렬은 단일 기준을 설정하는 작업이 아니라, 다양한 사회적 가치들이 충돌하거나 변화하는 과정 속에서 기술이 인간 사회의 지향점을 어떻게 반영할 것인가에 대한 질문이다. 기술 설계자는 단지 윤리적 체크리스트를 따르는 것이 아니라, 변화하는 시대 정신과 제도적 감수성을 반영할 수 있는 동적이고 맥락적인 시스템을 설계해야 한다.

참고문헌

방준성 외(2023). "대규모 언어 모델을 사용하는 인공지능 기반 대화형 챗봇의 편향성 평가 프레임워크 개발 방법". 《방송공학회논문지》, 28(5), 545~563쪽. doi: 10.5909/JBE.2023.28.5.545.

Awad, E. et al.(2018). The Moral Machine experiment. *Nature, 563*, pp.59~64. doi: 10.1038/s41586-018-0637-6.

Chopra, A. K. and Singh, M. P.(2018). Sociotechnical systems and ethics in the large. Proceedings of AAAI/ACM Conference on AI, Ethics, and Society (AIES '18), pp.48~53. doi: 10.1145/3278721.32787.

Danaher, J. and Sætra, H. S.(2022). Technology and moral change: the transformation of truth and trust. *Ethics and Information Technology, 24*(35), pp.1~16. doi: 10.1007/s10676-022-09661-y.

Gabriel, I.(2020). Artificial intelligence, values, and alignment. *Minds and Machines, 30*, pp.411~437. doi: 10.1007/s11023-020-09539-2.

Meier, L. J. et al.(2022). Algorithms for ethical decision-making in the clinic: a proof of concept. *American Journal of Bioethics, 22*(7), pp.4~20. doi:

10.1080/15265161.2022.2040647.

Poel, I. v. d.(2021). Design for value change. *Ethics and Information Technology*, 23, pp.27~31. doi: 10.1007/s10676-018-9461-9.

UNESCO(2002). Universal declaration on cultural diversity: a vision, a conceptual platform, a pool of ideas for implementation, a new paradigm. https://unesdoc.unesco.org/ark:/48223/pf0000127162

UNESCO(2022). Re|shaping policies for creativity: addressing culture as a global public good. https://www.unesco.org/reports/reshaping-creativity/2022/en

UNESCO(2023.5.16). Recommendation on the ethics of artificial intelligence. https://www.unesco.org/en/articles/recommendation-ethics-artificial-intelligence

World Economic Forum(2024.10.8). AI value alignment: Guiding artificial intelligence towards shared human goals. https://www.weforum.org/publications/ai-value-alignment-guiding-artificial-intelligence-towards-shared-human-goals/

World Economic Forum(2024.10.17). AI value alignment: How we can align artificial intelligence with human values. https://www.weforum.org/stories/2024/10/ai-value-alignment-how-we-can-align-artificial-intelligence-with-human-values/

Zicari, R. V. et al.(2021). Z-Inspection®: A process to assess trustworthy AI. *IEEE Transactions on Technology and Society, 2*(2), pp.83~97. doi: 10.1109/TTS.2021.3066209.

08
기술 혁신과 법적 규제

기술 혁신의 가속화와 함께 인공지능 분야에서는 생성형 AI를 비롯한 신기술이 전례 없는 발전 속도를 보이고 있으나, 이에 따른 법적 규제와 윤리적 대응은 그 속도를 따라잡지 못하고 있다. 각국은 다양한 방식으로 대응하고 있으나, 기술 변화 속도에 비해 법제 정비가 뒤처지면서 글로벌 표준화에도 한계가 드러나고 있다.

AI와 인재 채용?

기술 혁신의 속도와 규제의 간극

인공지능(AI) 기술의 진화는 단순한 기능 향상을 넘어, 자율 의사결정과 창의적 산출까지 수행하는 단계로 확장되고 있다. LLM과 멀티모달 AI의 발전은 인간이 수행하던 고차원적 판단과 창작을 빠른 속도로 자동화하고 있다. 예를 들어, 2024년 공개된 GPT-4o는 텍스트, 이미지, 음성을 실시간으로 통합 처리하며, 복합 문제 해결, 창작물 제작, 심지어 감정 반응을 모사하는 능력을 선보였다. 이러한 기술은 단순한 지식 재생산을 넘어 새로운 아이디어와 솔루션을 창출함으로써, 창의성 영역에서의 인간 독점 구조를 흔들고 있다.

기술 혁신 속도는 기존 법적 규제의 반응 속도를 크게 초월한다. 법률 제정과 개정은 영향 평가, 이해 관계자 협의, 입법 절차 등으로 인해 평균 2~3년이 소요되는 경우가 많다. 반면 AI 기술은 수시로 모델이 개선되고, 학습 데이터와 알고리즘 최적화로 성능이 급격히 향상된다. 그 결과 제도적 공백이 발생할 수밖에 없고, 이 기간 동안 예상치 못한 사회적·윤리적 문제들이 방치되거나 사후 대응에 그치게 된다.

법적 규제가 기술 발전 속도를 제어하려 할 때, 국가 간 기술 경쟁력이라는 전략적 변수가 문제가 되기도 한다. AI는 국가 경쟁력의 핵심 산업으로 간주되기 때문에, 일부 국가는 과도한 규제가 혁신 저해와 시장 점유율 하락으로 이어질 것을 우려한다. 이로 인해 규제 회피 현상이 나타나며, 법제화가 지연되거나 형식적으로만 이루어지는 경우가 발생한다. 예를 들어, 특정 국가에서는 AI 스타트업 생태계 성장을 이유로 개인정보 보호나 알고리즘 감사 의무를 완화하거나 유예하는 정책을 시행했다.

기술 혁신의 속도와 규제의 간극은 단순한 시차 문제를 넘어선다. 이는 기술의 자율성과 사회적 가치, 법적 책임 구조 간의 균형을 재설계해야 하는 구조적 과제다. 법제는 기술의 속도를 억제하는 장벽이 아니라, 예측 불가능한 혁신이 공공의 가치와 권리를 훼손하지 않도록 방향을 제시하는 나침반이어야 한다. 결국, 기술 혁신과 규제의 간극을 메우는 핵심은 '민첩한 거버넌스(Agile Governance)'를 통한 실시간 대응 체계와, 사회적 합의를 기반으로 한 가치 정렬 메커니즘의 제도화에 있다.

글로벌 규범과 법제화 흐름

인공지능이 국가 경계를 넘어 사회, 경제, 문화 전반에 영향을 미치게 되면서, 각국 정부와 국제기구는 기술 남용과 부작용을 방지하기 위해 공통된 규범과 법제화를 수립하려는 노력을 가속화하고 있다. 이러한 흐름의 중심에는 AI의 안전성과 윤리성을 확보하려는 국제적 합의와 이를 제도화하는 법률적 장치가 있다. 최근의 동향은 기술의 기능적 규제보다, 그 기술이 사회에 미치는 위험과 가치 충돌을 기준으로 한 위험 기반 규제, 그리고 가치 기반 접근을 병행하는 방향으로 진화하고 있다.

가장 대표적인 사례는 2024년 3월 유럽의회에서 최종 승인된 EU의 'AI 법(AI Act)'이다. AI Act는 세계 최초의 포괄적 AI 규제법으로, AI 시스템을 '허용불가 위험', '고위험', '제한적 위험', '최소 위험'의 4단계로 분류하고, 특히 고위험 시스템에 대해 데이터 품질, 투명성, 설명 가능성, 인간 감독 가능성 등의 요건을 엄격히 부과한다. 예를 들어 생체 인식, 채용 심사, 신용 평가, 의료 진단 등 사회적 파급력이 큰 영역은 고위험 범주에 포함되며, 시장 출시 전에 '적합성 평가'를 거쳐야 한다. 주목할 점은 AI Act가 '기술적 사후 통제'보다 '설계 단계에서의 규범 통합'을 핵심 원칙으로 채택했다는 점이다. 이는 AI가 사회에 도입되기 전부터 법적 · 윤리적 요구 사항을 내재화하도록 유도하는 구조다.

국제기구 차원에서도 규범 수립 움직임이 활발하다.

OECD는 2019년 'AI 원칙(AI Principles)'을 채택해 투명성, 설명 가능성, 안전성, 공정성 등을 글로벌 표준 가치로 제시했다. UNESCO는 2021년 'AI 윤리 권고안(Recommendation on the Ethics of AI)'을 채택해, 문화 다양성과 포용성을 전제로 한 AI 윤리 기준을 회원국에 권고했다. 이 권고안은 기술 설계 · 운영 전 과정에서 인권 보호와 환경 지속가능성을 포함하는 포괄적 접근을 강조한다. IEEE의 Ethically Aligned Design 프로젝트 역시 사회적 합의에 기반한 AI 설계 원칙을 제시하며, 기업과 기관이 기술 구현 단계에서 이를 반영할 수 있도록 가이드라인을 제공하고 있다.

국가별로는, 미국이 2022년에 'AI 권리장전(Blueprint for an AI Bill of Rights)'을 발표해 안전성 · 효율성, 알고리즘 차별 방지, 데이터 프라이버시 보호, 인간의 개입 가능성 보장을 핵심 권리로 규정했다. 영국은 2023년에 AI 규제 백서(White Paper)를 통해 중앙 집중식 규제 대신 산업별 규제 기관이 원칙 중심 규제를 수행하는 분산형 모델을 제시했다. 일본은 2022년 신뢰할 수 있는 AI 가이드라인을 발표해 투명성 · 책임성 · 안전성을 기반으로 한 자율 규제와 국제 표준 연계 전략을 강조했다.

이러한 글로벌 법제화 흐름은 두 가지 중요한 의미를

가진다. 첫째, 기술 발전이 각국의 산업 · 안보 이해관계와 얽혀 있음에도, 인류 공동의 가치와 안전 기준에 대한 최소한의 합의가 가능하다는 점을 보여준다. 둘째, 법제화의 초점이 단순한 위험 방지에서 '기술이 구현하는 사회적 가치의 방향성 설정'으로 이동하고 있음을 시사한다. 다시 말해, AI 규제는 기술을 제한하는 장치가 아니라 기술이 사회와 공존하는 방식을 설계하는 규범적 인프라로 기능해야 한다는 것이다.

앞으로의 법제화 동향은 위험도와 사회적 영향력에 따른 차등 규제, 국제 표준의 상호운용성(Interoperability) 강화, 설계 단계에서의 윤리 내재화, 그리고 문화적 다양성에 대한 존중을 포함하는 방향으로 정교화될 가능성이 높다. 이는 AI 기술이 글로벌 시장에서 신뢰를 확보하고 지속 가능하게 발전하기 위한 필수 조건이 될 것이다.

법제화의 과제와 대응 방향

AI 법제화는 단순히 기술 남용을 방지하기 위한 규제 장치가 아니라 기술이 구현하는 사회 질서와 가치 체계를 재설계하는 작업이다. 기술의 자율성과 복잡성이 높아질수록 법은 '금지'나 '허용'의 이분법을 넘어, 변화에 유연하게 적응하며 사회적 합의를 반영하는 구조를 갖춰야 한다. 그러나 현재의 법제화 과정에는 구조적 난제들이 존재하며, 이를 해소하기 위한 대응 방향이 시급하다.

첫째, 법적 주체성과 책임 귀속의 불명확성이다. 기존 법체계는 인간 또는 법인과 같은 명확한 주체를 전제로 한다. 그러나 AI 시스템은 비인격적이면서도 자율적으로 의사결정을 내릴 수 있으며, 그 결과는 종종 설계자조차 예측하기 어렵다. 예를 들어, 자율주행차 사고의 경우 제조사, 소프트웨어 개발사, 데이터 제공자, 운전 보조 역할을 한 사용자 등 복수의 책임 주체가 얽히게 된다. 이는 단순한 법률 해석의 문제가 아니라 인간-기계 간 '행위 주체성'을 어떻게 정의할 것인가라는 근본적 질문과 직결된다.

둘째, 규제 범위와 수준 설정의 난이도다. AI는 금융, 의료, 교육, 공공행정 등 거의 모든 영역에서 활용되며, 동일한 기술이 적용 맥락에 따라 위험 수준이 달라진다. 예컨대, 의료 AI의 진단 오류는 생명권에 직결되지만, 추천 알고리즘의 오류는 소비자 선택에 제한적인 영향을 미친다. 이러한 차이를 고려하지 않고 일률적인 규제를 적용하면, 혁신을 위축시키거나 반대로 중요한 위험을 간과할 수 있다. 이에 따라 위험 기반 규제와 가치 기반 규제를 결합한 다층적 규제 모델이 필요하다는 논의가 활발하다.

셋째, 법률 제정 절차의 경직성과 기술 변화의 속도 불일치다. AI 기술은 분기 단위로 업데이트되지만, 입법은 평균 2~3년이 소요되며 5년 이상이 걸리기도 한다. 이로 인해 규제가 기술 발전을 뒤따라가는 '후행 구조'가 고착화된다. 이를 보완하기 위해 영국은 원칙 중심 규제를 채택하여, 각 산업별 규제기관이 변화에 따라 세부 지침을 신속히 조정할 수 있도록 했다. 또한 OECD와 일부 국가에서는 정책 샌드박스를 운영해, 규제 적용 전 신기술을 시험하고 법적·윤리적 문제를 조기 식별하는 방식을 채택하고 있다.

이러한 과제를 해결하기 위한 대응 방향은 다음과 같이 정리될 수 있다. 첫째, 법제 설계 단계에서부터 기술 전문가, 법률가, 윤리학자, 시민 사회가 참여하는 다분야 거버넌스를 제도화해야 한다. 이는 기술 개발과 규범 형성이 병행되도록 하여, 사후적 규제 대신 사전적 가치 정렬을 가능하게 한다. 둘째, 모듈형 규제를 도입해, 법률의 기본 원칙은 고정하되 기술 특성과 사회적 요구에 맞춰 세부 규범을 유연하게 조정할 수 있도록 해야 한다. 셋째, 국제 표준화 기구와 협력하여 규범 상호운용성을 확보함으로써, 다국적 기술 기업과 글로벌 AI 생태계에서 발생하는 법적 공백을 줄여야 한다. 궁극적으로 AI 법제화의 목표는 단순히 위험을 억제하는 것이 아니라, 기술이 공익과 개인의 권리를 동시에 강화하는 방향으로 발전하도록 하는 것이다.

참고문헌

강진원·김혜나(2024). "EU 인공지능(AI) 규제 현황과 시사점". 《KISTEP 브리프》, 119.

Deloitte(2024). "인공지능(AI) 시대의 새로운 국면, AI 규제와 기업 리스크 관리 전략". 《Deloitte Insights》.

AI-DAPT. https://www.ai-dapt.eu/

EU AI Act(2025.5.2). AI regulatory sandbox approaches: EU member state overview. https://artificialintelligenceact.eu/ai-regulatory-sandbox-approaches-eu-member-state-overview/

Floridi, L. et al.(2018). AI4People-An ethical framework for a good AI society: opportunities, risks, principles, and recommendations. *Minds and Machines, 28*, pp.689~707. doi: 10.1007/s11023-018-9482-5.

IEEE(2019). Ethically aligned design - A vision for prioritizing human well-being with autonomous and intelligent systems. https://ieeexplore.ieee.org/servlet/opac?punumber=9398611

OECD(2023.7.13). Regulatory sandboxes in artificial intelligence. https://www.oecd.org/content/dam/oecd/en/publications/reports/2023/07/regulatory-sandboxes-in-artificial-intelli

gence_a44aae4f/8f80a0e6-en.pdf
OECD(2023.10.27). The state of implementation of the OECD AI Principles four years on.
https://www.oecd.org/content/dam/oecd/en/publications/reports/2023/10/the-state-of-implementation-of-the-oecd-ai-principles-four-years-on_b9f13b5c/835641c9-en.pdf

The Washington Post(2025.3.13). These driverless taxis got 589 parking tickets in San Francisco last year.
https://www.washingtonpost.com/technology/2025/03/13/waymo-robotaxis-parking-tickets/

UNESCO(2002). Universal declaration on cultural diversity: a vision, a conceptual platform, a pool of ideas for implementation, a new paradigm.
https://unesdoc.unesco.org/ark:/48223/pf0000127162

UNESCO(2022). Re|shaping policies for creativity: addressing culture as a global public good.
https://www.unesco.org/reports/reshaping-creativity/2022/en

UNESCO(2023.5.16). Recommendation on the ethics of artificial intelligence.
https://www.unesco.org/en/articles/recommendation-ethics-artificial-intelligence

U.S. White House(2022). Blueprint for an AI bill of rights: Making automated systems work for the american people.
https://bidenwhitehouse.archives.gov/wp-content/uploads/2022/10/Blueprint-for-an-AI-Bill-of-Rights.pdf

09
인공지능 윤리 교육

인공지능 기술이 사회 전반에 깊숙이 스며들면서 발생하는 윤리적 문제와 위험에 대응하기 위해, 인공지능 윤리 교육은 필수적이다. 인공지능 윤리 교육은 단순한 기술적 지식 전달을 넘어, 비판적 사고와 도덕적 판단 능력의 함양을 통해 인공지능 기술이 인간 중심적이고 안전하게 활용되는 기반을 마련한다.

AI와 기자?

인공지능 윤리 교육의 필요성

인공지능은 이미 의료 진단의 92% 정확도 달성, 제조업 생산성 34% 향상, 실시간 금융 사기 탐지 등 다양한 혁신을 이끌고 있다. 그러나 기술이 가져오는 편익 뒤에는 심각한 윤리적·사회적 위험이 존재한다. 2024년 생성형 AI를 이용한 딥페이크 금융 사기 범죄가 전년 대비 217% 증가했다는 FBI 산하 국제금융범죄센터(IC3: Internet Crime Complaint Center) 통계는 기술 발전 속도가 윤리적 성찰을 압도할 때의 위험을 보여준다.

AI는 단순한 도구를 넘어 인간의 의사결정 체계와 사회 구조에 깊숙이 개입한다. 병원의 진단 알고리즘, 은행의 대출 심사, 정부의 복지 자원 배분 등 다양한 영역에서 AI는 판단을 내리고 있지만, 그 과정의 투명성과 결과의 공정성은 종종 검증되지 않는다. 예컨대 미국 펜실베이니아주의 한 고등학교에서 학업 중단 위험 학생을 선별하는 AI 시스템이 도입되었을 때, 졸업률은 향상됐지만 학부모와 학생들은 데이터 프라이버시 침해와 알고리즘 불투명성에 대해 강한 우려를 제기했다. 이처럼 효율성과 권리 보호 간의 균형을 유지하는 것은 단순한 기술 문제가 아니라 윤리적 과제다.

문제는 다수의 시민과 심지어 일부 전문가조차 AI의

작동 원리나 윤리적 함의를 충분히 이해하지 못한다는 점이다. 이러한 '윤리 인식 격차'는 기술 독점과 정보 불평등으로 이어져, 특정 집단이 더 많은 권한과 이익을 누리고, 다른 집단은 불리한 조건을 감내하게 만들 수 있다. 실제로 의료 AI 오진 피해자 중 일부는 '알고리즘 감사 결과를 요구할 권리'를 알지 못해 소송을 포기한 사례가 보고됐다.

윤리 교육의 필요성은 바로 여기에 있다. AI 윤리 교육은 단순한 기술 교육이 아니라, 인간 존엄성 · 공정성 · 프라이버시 보호 등 보편적 가치에 대한 인식을 심화시키고, 기술이 사회에 미치는 영향을 비판적으로 성찰하는 능력을 기르는 과정이다. UNESCO의 「Recommendation on the Ethics of Artificial Intelligence」(2021)와 「Digital Citizenship Education Standard」(2024)는 초등 단계부터 AI 윤리 커리큘럼을 의무화해 시민이 알고리즘과 기술 환경을 비판적으로 이해하고, 공적 의사결정에 참여할 수 있도록 할 것을 권고한다.

궁극적으로 인공지능 윤리 교육은 기술을 인간의 가치와 조화시키는 사회적 안전장치이며, 이는 단순히 미래의 위험을 예방하는 차원을 넘어 민주주의, 인권, 지속가능성을 지키는 핵심 수단이 된다. AI 시대에 윤리를 모르는 것은 곧 법과 제도를 모르는 것만큼이나 위험하며, 이는 기술이 만드는 미래를 타인의 손에 맡기는 것과 같다.

산업별 인공지능 윤리 교육

인공지능이 각 산업에 미치는 영향은 매우 다층적이며, 그에 따른 윤리적 과제 역시 산업별로 뚜렷하게 다르다. 따라서 산업별 특성을 반영한 맞춤형 윤리 교육은 단순한 기술 훈련이 아니라, 해당 산업의 법적 · 사회적 책무와 이해관계 구조를 고려한 전문적 설계가 필수적이다.

의료 산업에서는 환자 데이터 보호, 알고리즘 편향 완화, 설명 가능성 확보가 핵심 과제다. 실제로 미국에서 사용된 ImpactPro 알고리즘은 건강관리 필요성을 예측하는 과정에서 인종에 따른 건강 격차를 악화시키는 오류를 범했다. 이에 따라 의료 종사자 교육은 의료 윤리 4원칙(자율성 · 선행 · 악행 금지 · 정의)에 AI 윤리를 접목, 데이터 거버넌스와 개인정보 보호법 준수, AI 진단 · 치료 보조 시스템의 한계 인식과 오류 대응 프로토콜 마련 등을 포함해야 한다. 2024년 JMIR Medical Education에 실린 연구는 의대 교육 과정에 AI 윤리 모듈을 포함했을 때, 임상 의사결정의 공정성과 투명성이 통계적으로 향상되었다고 보고했다.

금융 산업은 신용 평가, 사기 탐지, 리스크 관리 등에서 AI를 적극 활용하지만, 알고리즘 편향과 불투명성이 소비자 신뢰를 훼손할 수 있다. HSBC의 AI 기반 자금 세탁 방지(AML) 시스템은 설명 가능한 모델로 전환 후 규제 준수 속도와 탐지율이 동시에 향상됐다. 금융 윤리 교육에서는 GDPR · 국내 신용정보법 등 법적 규제 이해, AI 의사결정 설명 기술(XAI) 훈련, 편향성 테스트 절차 마련이 필수적이다.

제조 산업에서는 AI가 예지 정비, 품질 관리, 자율 로봇 운용에 도입되면서 안전성과 책임 소재가 새로운 윤리 과제가 되고 있다. 2023년 독일 폭스바겐 공장에서 발생한 로봇 작업 사고는 안전 프로토콜 미준수와 AI 제어 오류가 결합된 사례였다. 이에 제조 분야 교육은 산업안전보건법과 AI 안전표준(ISO 10218-2, ISO/IEC 22989) 연계, 휴먼 인 더 루프(HITL) 설계, AI 시스템 비상 정지 및 장애 대응 훈련을 포함해야 한다.

교육 산업은 AI를 통한 맞춤형 학습, 자동 평가 도입이 빠르게 확산되고 있으나, 학습자 데이터 편향과 프라이버시 침해 문제가 우려된다. 특정 학생 집단이 AI 채점에서 불리하게 평가된 사례가 영국과 미국에서 보고되었으며, 이로 인해 학부모 집단 소송이 제기되었다. 교육 분야 윤리 전략은 알고리즘 투명성 공개, 평가 데이터 품질 검증, 교육 주체(교사 · 학생)의 AI 활용 역량과 비판적 이해 증진을 핵심 목표로 해야 한다. UNESCO(2024)는 교사 연수 과정에 'AI 윤리와 공정성' 모듈을 포함할 것을 권고하고 있다.

산업별 윤리 교육의 핵심 가치는 위험의 맥락화다. 동일한 AI 기술이라도 의료에서는 생명 · 건강, 금융에서는 경제적 안정, 제조에서는 물리적 안전, 교육에서는 학습 기회의 형평성과 직결된다. 산업별로 상이한 위험 지형을 이해하고 이를 교육 과정에 반영하는 전략은, AI 기술의 사회적 신뢰를 구축하고 각 분야의 지속가능성을 보장하는 전제 조건이 된다.

이해관계자별 인공지능 윤리 교육

인공지능 시스템은 개발부터 배포, 운영, 폐기까지 전 주기에 걸쳐 수많은 이해관계자가 관여한다. 각 이해관계자는 AI의 설계 · 사용 과정에서 다른 책임과 위험에 직면하며, 이를 관리하기 위해서는 역할별 맞춤형 윤리 교육이 필수적이다.

개발자는 알고리즘 설계, 데이터 처리, 모델 학습을 주도하며, 편향(Bias) 완화 · 투명성 확보 · 안전성 검증의 최전선에 있다. 예컨대 Amazon의 AI 채용 시스템은 과거 데이터에 내재한 성차별적 패턴을 학습하여 여성 지원자를 불이익 처리한 사례가 보고되었다. 이를 방지하기 위해 개발자 교육에서는 데이터 세트의 다양성 확보, LIME · SHAP과 같은 설명 가능 AI(XAI) 도구 활용, 데이터 거버넌스 준수를 강조해야 한다. IEEE가 제시한 Ethically Aligned Design 가이드라인은 개발자가 기술 구현 과정에서 윤리적 판단을 내릴 수 있는 체크리스트를 제공한다.

운영진은 AI를 비즈니스 프로세스에 통합하고 유지 · 관리하며, 의도치 않은 부작용을 감시하는 역할을 맡는다. 그러나 비용 절감 · 효율성 극대화 목표가 윤리적 고려보다 앞설 경우, 개인정보 침해나 규제 위반으로 이어질 위험이 있다. 예를 들어 일부 유럽 중소기업은 GDPR 적용 역량 부족으로 벌금을 부과받았다. 경영진 교육에는 'AI 도입 영향 평가(AIA: Algorithmic/Artificial Intelligence Impact Assessment)' 수행, 윤리 리스크 관리 프로세스 설계, 내부 신고 시스템 활성화와 같은 내용을 포함할 필요가 있다.

정책 입안자와 규제 기관은 AI가 공익과 법적 기준에 부합하도록 제도적 장치를 설계한다. 그러나 기술 발전 속도가 입법 · 감독 주기를 초월하면 효과적인 규제가 어려워진다. GDPR가 프라이버시 보호의 모범 사례로 평가받지만, 일부 국가는 인력 · 기술 부족으로 집행에 어려움을 겪는다. 정책 담당자 교육에서는 최신 AI 기술 트렌드 이해, 다부문 이해관계자 협력(Multi-stakeholder Governance), 규제 영향 분석(RIA: Regulatory Impact Analysis) 방법을 다뤄야 한다. 2021년 UNESCO AI 윤리 권고안은 정책 입안자 교육을 통해 사회적 합의를 기반으로 한 규제 설계를 강조한다.

AI를 사용하는 소비자 · 시민은 결정 과정의 불투명성과 정보 비대칭 문제에 취약하다. 영국의 A-level 성적 산출 알고리즘 사건(2020)은 학생들이 AI 평가 원리를 몰라서 부당한 성적을 이의제기하지 못한 대표적 사례다. 사용자 교육은 알고리즘 설명 청구권(Right to Explanation), 데이터 권리 이해, 책임 있는 AI 사용을 포함해야 하며, 이는 디지털 시민 역량 강화로 직결된다.

이해관계자별 AI 윤리 역량 강화는 단순히 법적 의무 이행을 넘어, 책임성 강화 · 신뢰 구축 · 사회적 수용성 확보라는 세 가지 효과를 낳는다. 개발자는 편향을 줄이고 신뢰할 수 있는 모델을 만들며, 운영진은 윤리 리스크를 조직 전략에 반영하고, 정책 입안자는 균형 잡힌 규제를 설계한다. 궁극적으로 이는 AI 생태계 전반에서 '책임 있는' 혁신을 실현하는 토대가 된다.

참고문헌

박혜진(2022). "의료 인공지능의 활용을 둘러싼 법적 과제: 규제의 진화 및 책임의 배분을 중심으로". 《비교사법》, 29(4), 217~251쪽. doi: 10.22922/jcpl.29.4.202211.217.

방준성·이상민(2024). "인공지능 기반 학습자 맞춤형 교육을 위한 형평성과 편향성 연구". 《멀티미디어 언어교육》, 27(4), 70~86쪽. doi: 10.15702/mall.2024.27.4.70.

방준성 외(2025). "AI 디지털교과서 개발을 위한 AI 리스크 관리 방안(연구보고, CR 2025-06)". 한국교육학술정보원(KERIS).

이상욱(2021.12.3.). 《유네스코 인공지능(AI) 윤리 권고 해설서: 인공지능 윤리 이해하기》. 유네스코한국위원회.

IEEE(2019). Ethically aligned design – A vision for prioritizing human well-being with autonomous and intelligent systems. https://ieeexplore.ieee.org/servlet/opac?punumber=9398611

Lee, S.-M. & Bang, J.(2025). Transforming language education through AI: artificial intelligence digital textbook (AIDT). In Reinders, H. et al.(eds.). *Innovation in language learning and teaching: The case of Korea*, pp.49~72. Palgrave Macmillan.

Miao, F. & Cukurova, M.(2024). *AI competency framework for teachers*. UNESCO. https://unesdoc.unesco.org/ark:/48223/pf0000391104

Oftring, Z. S. et al.(2025). Novel blended learning on artificial intelligence for medical students: Qualitative interview study. *JMIR Medical Education, 11*, e65220. doi: 10.2196/65220.

Orlando, A. & Santoro, M.(2025). A semantic approach to understanding GDPR fines: From text to compliance insights. *Computer Law & Security Review, 59*, 106187. doi: 10.1016/j.clsr.2025.106187.

UNESCO(2023.5.16). Recommendation on the ethics of artificial intelligence. https://www.unesco.org/en/articles/recommendation-ethics-artificial-intelligence

UNESCO(2024.2.23). Global citizenship education in a digital age: teacher guidelines. https://unesdoc.unesco.org/ark:/48223/pf0000388812

Weidener, L. & Fischer, M.(2023). Teaching AI ethics in medical education: a scoping review of current literature and practices. *Perspectives on Medical Education, 12*(1), pp.399~410. doi: 10.5334/pme.954.

Weidener, L. & Fischer, M.(2024). Proposing a principle-based approach for teaching AI ethics in medical education. *JMIR Medical Education, 10*, e55368. doi: 10.2196/55368.

Williams, R. et al.(2023). AI + ethics curricula for middle school youth: lessons learned from three project-based curricula. *International Journal of Artificial Intelligence in Education, 33*, pp.325~383. doi: 10.1007/s40593-022-00298-y.

Zhui, L. et al.(2024). Ethical considerations and fundamental principles of large language models in medical education: viewpoint. *Journal of Medical Internet Research, 26*, e60083. doi: 10.2196/60083.

10
윤리적 인공지능의 실현

윤리적 인공지능의 실현은 단순한 기술 혁신을 넘어, AI 시스템이 인간의 가치와 윤리 원칙에 부합하도록 설계·운영되는 것을 의미한다. 인공지능 윤리 원칙의 시스템적 구현을 통해 산업 영역별 그 실효성을 입증하고 있다.

AI와 미래 의사?

신뢰할 수 있는 AI 구현의 조건

신뢰할 수 있는 AI(Trustworthy AI)는 기술적 완성도만으로 달성되지 않는다. 이는 법적 적합성(Lawfulness), 윤리적 정당성(Ethics), 기술적 견고성(Robustness)이라는 세 가지 축 위에서 구현되어야 하며, 이 세 요소가 상호 보완적으로 작동할 때 비로소 사회적 신뢰를 얻는다.

첫째, 법적 적합성은 AI 시스템이 해당 국가 · 지역의 법률과 규제에 부합하는 것을 의미한다. 유럽연합(EU)의 Ethics Guidelines for Trustworthy AI(2019)는 이를 위해 140개 세부 평가 항목을 제시했고, 2023년 제정이 추진된 AI Act는 고위험(High-risk) 분야에 대한 사전 승인, 데이터 품질 검증, 알고리즘 감사, 인간 감독 절차를 의무화했다. 예를 들어, 의료 진단 AI는 오류 가능성 0.1% 미만 시험 기준을 충족해야 한다거나, 판결 지원 AI는 반드시 인간 검토 절차를 포함해야 한다는 조항도 함께 제시되어야 한다.

둘째, 윤리적 정당성은 AI가 사회적 가치와 인간의 권리를 침해하지 않도록 설계 · 운영되는 것을 의미한다. MIT의 Moral Machine 연구는 자율주행차의 도덕적 딜레마 상황에서 전 세계 이용자의 선택 패턴을 수집 · 분석해 문화권별 윤리 기준 차이를 실증했다. 이러한 연구는 '윤리적 규범을 어떻게 기술에 반영할 것인가'라는 문제에 대한 실험적 해법을 제공한다.

셋째, 기술적 견고성은 AI가 예측 불가능한 환경에서도 안정적으로 작동하는 능력을 뜻한다. IBM의 AI Explainability 360은 모델이 의사결정을 내린 이유를 설명 가능하게 만들고, AI Fairness 360은 데이터 편향을 진단 · 완화하는 기능을 제공한다. 또한 적대적 강건성 도구 모음(Adversarial Robustness Toolbox)은 적대적 공격에 대한 방어력을 측정해 AI가 악의적 조작에도 안전하게 작동하도록 돕는다.

이러한 조건들은 산업 현장에서 점차 구체적인 형태로 구현되고 있다. 의료 분야의 '왓슨 포 온콜로지(Watson for Oncology)'는 치료 계획의 근거를 투명하게 제시해 의사의 신뢰를 얻고, 금융 분야의 FICO(Fair Isaac Corporation) Score는 공정성 검증 절차를 거쳐 차별적 대출 관행을 최소화했다. 환경 분야에서는 Google AI for Earth가 위성 데이터와 기계 학습을 결합해 기후변화 대응을 지원하며, 이는 AI가 공공선을 실현하는 수단이 될 수 있음을 보여준다.

다만, 신뢰할 수 있는 AI 구현에는 한계가 있다. 설명 가능성과 공정성, 안전성 모두가 동시에 완벽히 충족되기는 어렵다. 예를 들어, 복잡한 딥러닝 모델은 높은 예측 성능을 가지지만 '블랙박스' 구조로 인해 설명 가능성이 떨어진다. 반대로, 해석 가능한 모델은 설명력은 높지만 예측 정확도가 떨어질 수 있다. 이러한 기술적 딜레마를 해소하기 위해, XAI(eXplainable AI) 기법의 고도화, 합성 데이터(Synthetic Data)를 활용한 편향 완화, 연합 학습(Federated Learning)을 통한 데이터 프라이버시 보장 등의 연구가 활발히 진행 중이다.

궁극적으로, 신뢰할 수 있는 AI는 기술 · 정책 · 윤리의 삼각 균형 위에서만 실현 가능하다. 이는 단발적인 규제 준수나 기능 추가가 아니라, 기획 · 개발 · 배포 · 운영 · 폐기까지 이어지는 AI 라이프사이클 전 과정에서의 구조적 설계를 필요로 한다. 기술 혁신이 빠른 만큼, 이러한 조건들은 정적(Static) 기준이 아닌 지속적으로 갱신되는 동적(Dynamic) 기준이어야 하며, 이를 위한 국제 협력과 표준화가 필수적이다.

AGI와 ASI 시대의 인공지능 윤리와 안전

인공 일반 지능(AGI: Artificial General Intelligence)은 인간 수준의 지능을 가진 인공지능을, 인공 슈퍼 지능(ASI: Artificial Super Intelligence)은 인간의 지능을 뛰

어넘는 초지능 인공지능을 의미한다. 현재의 인공지능이 AGI나 ASI로 발전한다면 다양한 분야에서 혁명적인 변화를 가져올 것으로 예상된다. AGI · ASI는 의료 · 기후 · 우주 탐사 등 인류가 직면한 난제를 해결할 잠재력을 지니지만 동시에 전례 없는 윤리적, 안전성 과제를 제기한다.

첫째, 가치 정렬(Value Alignment) 문제다. AGI · ASI가 자율적으로 목표를 설정 · 수행하는 과정에서 인간의 가치와 충돌할 가능성이 존재한다. 2023년 OpenAI, DeepMind 등은 'Constitutional AI'와 같은 규범 내재화 방법을 개발했으나, 복잡한 사회 · 문화적 가치 체계를 완전하게 반영하기는 여전히 어렵다. 특히 다문화 사회에서의 가치 충돌은 목표 설정 단계부터 갈등을 유발할 수 있다.

둘째, 통제 가능성(Controllability) 문제다. AGI · ASI는 인간보다 빠른 속도로 학습 · 의사결정을 수행하므로, 사후 통제가 아니라 실시간 · 사전 통제가 가능한 기술이 요구된다. 국제안전연구소(Center for AI Safety)는 2023년 보고서에서 AGI 안전을 위해 '능력 제한(Capability Control)'과 '목표 보존(Objective Preservation)' 메커니즘을 병행할 것을 권고했다. 이를 위해 '신뢰 경계(Trust Boundaries)' 개념이 제안되었는데, 이는 AI의 의사결정 범위와 영향권을 물리·논리적으로 제한하는 방법을 포함한다.

셋째, 권력 집중과 거버넌스 문제다. 초지능이 특정 기업·국가에 독점되면 기술적 우위가 정치·경제적 권력으로 전환될 위험이 크다. 2025년 유럽연합(EU)은 'AI 법(AI Act)' 개정안에서 초고위험 AI(High-risk AI)에 대한 다국적 공동 거버넌스 체계를 도입하려 했으며, 이는 단일 행위자에 과도한 기술 권한이 집중되는 것을 방지하는 초기 모델로 평가된다.

이러한 윤리·안전 문제를 해결하기 위해 학계와 정책 영역에서는 '프로액티브(Proactive) 안전' 접근이 주목받고 있다. 이는 사고 발생 후 대응하는 '리액티브(Reactive) 안전'과 달리, 개발 초기 단계부터 위험 시나리오를 예측·차단하는 전략이다. 예컨대, 미국 NIST의 'AI Risk Management Framework'(2023)는 설계·개발·배포 전 주기에 걸쳐 위험 평가·완화 프로세스를 통합하는 것을 권장한다.

그러나 기술적으로 완전한 해결은 아직 요원하다. 인간 가치의 복잡성, 실시간 통제 기술의 한계, 글로벌 합의의 어려움이 주요 장애물이다. 일부 연구자는

AGI · ASI 안전의 핵심 기술이 '설명 가능하고 자기 검열(Self-auditing) 가능한 AI 아키텍처'와 '합성 시뮬레이션 환경에서의 장기 안전 검증'이 될 것으로 전망한다.

궁극적으로 AGI · ASI 시대의 윤리 · 안전은 단일 기술 솔루션으로 해결될 수 없다. 이는 기술 · 정책 · 사회적 합의가 결합된 다층적 접근을 요구하며, 국제 공동 거버넌스와 표준화, 위험 공유 메커니즘이 필수적이다. 인류가 AGI · ASI를 통제 가능한 '도구'로 유지할 수 있느냐, 아니면 통제 불가능한 '주체'로 성장하게 두느냐는 앞으로 수십 년간 인류 문명의 방향을 결정짓는 핵심 분기점이 될 것이다.

인공지능 윤리·안전의 지속적 개선

인공지능 윤리 · 안전의 지속적 개선은 일회성 규제나 선언적 원칙만으로는 달성될 수 없다. 기술 발전과 사회 변화에 맞추어 제도 · 정책을 주기적으로 갱신하는 순환적 거버넌스(Cyclic Governance)가 필수적이다.

예를 들어, EU의 'AI 법(AI Act)'은 2023년 입법 과정에서 140여 개의 세부 평가 항목을 포함한 매뉴얼을 제시하며, 고위험 AI 시스템에 대한 사전 승인제와 알고리즘 투명성 의무를 도입했다. 이 법안은 정기적 검토 조항을 포함해 향후 기술 발전에 따른 개정 가능성을 제도적으로 보장하고 있다.

또한 미국 백악관 과학기술정책국(OSTP)의 AI 권리장전(Blueprint for an AI Bill of Rights, 2022)은 데이터 프라이버시, 알고리즘 차별 방지, 인간 감독권 보장을 핵심 권리로 규정하며, 이를 다양한 연방 기관 지침과 연동해 실효성을 높이고 있다. 이러한 구조적 순환은 규제 공백을 최소화하고, 산업계 · 학계 · 시민사회의 지속적인 참여를 촉진한다.

윤리 · 안전 개선은 특정 국가나 기업의 단독 노력으로는 불가능하다. UNESCO의 「인공지능 윤리 권고(2021)」는 모든 회원국이 인권, 다양성, 환경 지속가능성을 포함한 10대 원칙을 이행하도록 권고하며, 각국이 정책 수립 시 시민사회, 원주민 공동체, 기술 기업, 학계가 모두 참여하는 다중 이해관계자 협력(Multi-stakeholder Cooperation)을 명문화했다.

실제 사례로, OECD AI 권고(2023)는 회원국 간 공동 데이터 세트 검증, 알고리즘 감사 기준 표준화, AI 영향 평가 국제 가이드라인 수립을 추진하고 있다. 이는 각국의 편차를 줄이고, 국경을 초월한 안전 기준을 형성하는 데 기여하고 있다.

지속적 개선의 또 다른 핵심은 실시간 모니터링과 피드백 기반의 학습형 규제(Adaptive Regulation)다. 예를 들어, Google의 SynthID는 이미지 · 영상 생성 AI의 산출물에 디지털 워터마크를 삽입해 추적 가능성을 높이고, 이를 통해 악의적 조작물 유통을 억제한다. 그러나 2025년 분석에 따르면 일부 우회 기법이 발견되어, 구글은 탐지 알고리즘을 6개월 주기로 업데이트하고 있다.

이와 유사하게, 연합 학습(Federated Learning) 기반 차등 프라이버시 모델은 개인 데이터를 직접 공유하지 않으면서도 지속적으로 모델을 업데이트한다. 이 과정에서 각 참여 노드는 로컬 데이터로 학습한 결과만을 중앙 서버에 전송하며, 서버는 이를 집계하여 전역 모델을 갱신함으로써 개인 정보 노출 없이도 집단 지능을 형성할 수 있게 된다.

이러한 접근들은 고정된 규제가 아니라, 기술 변화와 위협 양상에 맞추어 스스로 학습 · 적응하는 규제 시스템을 가능하게 한다.

우리는 각 장을 통해 인공지능이 사회와 개인에게 미치는 다층적인 영향을 탐구했다. 기술적 진보와 함께 발생하는 윤리적 · 법적 문제, AI 의사결정의 투명성과 책임성, 사회적 가치와 다양성의 존중, 그리고 미래 지능인

AGI · ASI 시대의 새로운 도전까지 — 모든 논의는 결국 "인공지능을 어떻게 인간 중심으로 설계하고 운영할 것인가"라는 근본적인 질문으로 수렴된다. 이 질문에 대한 답은 단순한 기술적 해법에 있지 않다. 윤리적 가치, 제도적 장치, 사회적 합의, 그리고 지속 가능한 거버넌스가 유기적으로 결합되어야 한다. 이는 한 번의 규제 제정이나 일시적 캠페인으로 달성되는 목표가 아니라, 기술의 진화 속도에 맞춰 끊임없이 재평가하고 갱신해야 하는 장기적 과제다.

앞으로 초지능 시대에 직면할 수 있는 통제 불가능성, 전 지구적 리스크, 권력 집중 문제는 우리에게 깊은 숙고와 과감한 선택을 요구한다. 그러나 인류는 이미 과학기술의 진보와 함께 수많은 변곡점을 지나왔다. 우리가 기술을 설계하는 주체라는 사실을 잊지 않는다면, 인공지능은 위협이 아니라 인류 번영의 동반자가 될 수 있다.

결국, 윤리적 인공지능의 실현은 "기술을 소유하는 자"가 아닌 "기술을 어떻게 사용할 것인가를 결정하는 우리 모두"의 책임이다. 지금 우리가 세우는 기준과 제도, 그리고 가치관이 향후 수십 년간 인공지능이 인류와 어떤 관계를 맺을지에 영향을 주는 시작이 될 것이다.

참고문헌

Center for AI Safety. https://safe.ai/work/impact-report/2024

EU AI Act(2024.2.27). High-level summary of the AI Act. https://artificialintelligenceact.eu/high-level-summary/

European Commission(2019.4.8). Ethics guidelines for trustworthy AI. https://digital-strategy.ec.europa.eu/en/library/ethics-guidelines-trustworthy-ai

Floridi, L. et al.(2018). AI4People-An ethical framework for a good AI society: opportunities, risks, principles, and recommendations. *Minds and Machines, 28*, pp.689~707. doi: 10.1007/s11023-018-9482-5.

McKinsey & Company(2024.3.21). What is artificial general intelligence (AGI)?. https://www.mckinsey.com/featured-insights/mckinsey-explainers/what-is-artificial-general-intelligence-agi

National Institute of Standards and Technology(2023). Artificial intelligence risk management framework (AI RMF 1.0). NIST AI 100-1. https://nvlpubs.nist.gov/nistpubs/ai/NIST.AI.100-1.pdf

OECD(2022.2.22). OECD framework for the classification of AI systems. https://www.oecd.org/en/publications/oecd-framework-for-the-classification-of-ai-systems_cb6d9eca-en.html

OECD Legal Instruments(2025). Recommendation of the council on artificial intelligence. https://legalinstruments.oecd.org/en/instruments/OECD-LEGAL-0449

Tollefson, J.(2025). Google AI model mines trillions of images to create maps of Earth 'at any place and time'. *Nature, 644*(8076), pp.313~314. doi: 10.1038/d41586-025-02412-1.

UNESCO(2023.5.16). Recommendation on the ethics of artificial intelligence. https://www.unesco.org/en/articles/recommendation-ethics-artificial-intelligence

U.S. White House(2022). Blueprint for an AI bill of rights: Making automated systems work for the american people. https://bidenwhitehouse.archives.gov/wp-content/uploads/2022/10/Blueprint-for-an-AI-Bill-of-Rights.pdf

방준성

광주과학기술원(GIST)에서 공학박사 학위(2013)를 취득하였다. 현재 ㈜와이매틱스의 CEO/대표이사(2023~), 과학기술연합대학원대학교(UST)의 교수(2016~), 한국전자통신연구원(ETRI)의 책임연구원(2013~)으로서 산·학·연 전반에 걸친 폭넓은 경력을 보유하고 있다. 연구개발 분야는 광·무선 통신 시스템 및 네트워크, 모바일 증강현실(AR), 가상현실(VR), 스마트 시티, 메타버스, 음성 대화형 봇, 인공지능(AI) 윤리, AI 추론 및 의사결정, 데이터 스페이스 등으로 확장되어 있다. 공학 분야뿐 아니라 인문·사회 분야까지 연구 영역을 넓혀 지금까지 국내외에 100여 편 이상의 논문을 발표하였다. 미래학회 부회장(2025~), 대전과총 인공지능분과 부회장(2024~), 대덕클럽 이사(2024~), 한국국토교통데이터진흥협회 이사(2024~) 등을 맡고 있다. JTC1 SC41/WG10, TTA PG423 등 표준화 활동에도 참여하고 있다. 저서로 국내에서는 《시그널 2024》(2023), 《시그널 2025》(2024) 등의 출간에 참여하였으며, 국외에서는 《Innovation in Language Learning and Teaching: The Case of Korea》(2025, Palgrave Macmillan) 등의 북 챕터(Book Chapter) 집필자로 참여하였다.